京都の謎

奈良本辰也・高野 澄

祥伝社黄金文庫

（この作品『京都の謎』は、昭和六十一年二月、
祥伝社黄金文庫から刊行されたものの新装版です）

まえがき

京都《きょうと》に住んで五十年以上の年月が流れた。私は大学で国史を専攻し、そこを卒業してからは京都市史の編纂《へんさん》に従事していた。京都は歴史の街であるから、私の専攻する学問とこの街の雰囲気はぴったりすぎるほどぴったりしていた。そのうえに京都市史の編纂である。私の体は、吐《は》く息まで京都的になってしまうのではないかと思われるほどだった。

しかし、五十年の歳月は、私に京都の良さとその嫌《いや》らしさを十分に教えてくれた。私はいまでは、京都というものをまったく客観的な心でみることができるようになったと思っている。

それが私にとって幸福であるかどうかはわからない。以前のように、京都に浸《ひた》りきっていたほうが幸福であるという内心の声もある。

だが私は、京都を語るものとしては、今の心でいることのほうが親切であると思っている。ここで私は、いたずらに詠歎《えいたん》したり感傷をまじえたりしないで、京都を紹介しようと試みた。京都を語るには、どうしても歴史を忘れてはならない。そこでは一木一草たりといえども歴史のなかに浸っているからだ。

だから、この書を始めるにあたって、まず歴史から入ってゆくことを考えた。しかも、それは謎《なぞ》を解くという形である。謎を解くという形を提唱したのは編集部のほうであった。私も、その形が今の私の心にふさわしい叙述を与えるであろうと思ったので、ついその誘いに乗ることになった。

羅生門《らしょうもん》（羅城門）をはさんで東と西に立派な寺が建てられていたはずだ。それがどうして東にだけ残って西のほうは失われたのか。左右相称《そうしょう》、碁盤《ごばん》の目のように作られた京の街は、そのときからひどく歪《いびつ》に見えたはずだが、なぜ、当時の貴族はそのままにしておいたのだろう――というような疑問も湧《わ》く。

そうした疑問を解いてゆけば、京都の街はもっとその内実を明らかにしてくれるだろう。

私たちはこれまであまりにも正攻法でありすぎた。そこで高野《たかの》澄《きよし》君に来てもらって、この話をしたのである。彼も、それはおもしろそうだといって乗ってきた。二人でいろいろと練りあげたのがこの書である。この近年、京都市が編纂を進めてきた『京都の歴史』が、いろいろと新しい史実を発掘してきた。私たちの叙述もこの史実の発見に負うところが少なくない。
ともあれ、私たちはここで京都を語るもう一つの形式を持った。そして、それは成功であったと思っている。

奈良本《ならもと》　辰也《たつや》

本文関係歴史年表

六〇三年		秦河勝が太秦に広隆寺を建立。
七一〇年	（和銅3）	平城京（奈良）遷都。
七八四年	（延暦3）	長岡京遷都。
七八八年	（延暦7）	最澄、比叡山延暦寺を創建。
七九四年	（延暦13）	平安京遷都。
七九六年	（延暦15）	東寺、西寺が建立さる。
八六三年	（貞観5）	神泉苑で御霊会がいとなまれた。
八九九年	（昌泰2）	菅原道真、右大臣に進む。
九〇一年	（延喜1）	菅原道真、大宰権帥に左遷。
九六三年	（応和3）	空也、六波羅蜜寺を創建。
一〇八六年	（応徳3）	白河上皇、院政をはじめる。
一〇九五年	（嘉保2）	白河上皇、武士を大幅に登用する。
一一五六年	（保元1）	保元の乱。崇徳上皇方が敗れ、源為義ら処刑さる。
一一五九年	（平治1）	平治の乱。平清盛が源氏を破る。源義経、生まれる。
一一六七年	（仁安2）	平清盛、太政大臣となる。
一一六八年	（仁安3）	源義経（牛若丸）、鞍馬山に入る。

一一七七年	（治承１）	鹿ヶ谷事件。僧俊寛、藤原成経ら追放さる。
一一八〇年	（治承４）	平清盛、福原遷都。半年後に京都に戻る。
一一八三年	（寿永２）	木曽義仲、源行家ら入京、平氏追放さる。
一一八四年	（寿永３）	源頼朝、義経と範頼を入京させ、義仲を討たせる。
一一八五年	（文治１）	平氏滅亡。
一一九二年	（建久３）	鎌倉幕府開かれる。
一二二一年	（承久３）	承久の変。六波羅探題が設置さる。
一二二四年	（元仁１）	親鸞、浄土真宗をひらく。
一二九四年	（永仁２）	日像が上京、日蓮宗の布教をはじめる。
一三三四年	（建武１）	建武の中興。
一三三六年	（延元１・建武３）	足利尊氏、室町幕府をひらく。後醍醐天皇、吉野に移る（南北朝の分裂）。
一三三九年	（延元４・暦応２）	夢窓疎石、天龍寺を創建。同じく、西芳寺を再建。
一三九二年	（元中９・明徳３）	南朝の後亀山天皇、京都に還る（南北朝合一）。
一三九七年	（応永４）	足利義満、鹿苑寺（金閣寺）を建立。
一四六五年	（寛正６）	足利義尚、生まれる。
一四六七年	（応仁１）	応仁の乱、はじまる。
一四八三年	（文明15）	足利義政、東山に慈照寺（銀閣寺）を建立。
一五三二年	（天文１）	法華宗徒と町衆が一向宗と対立する（天文の法華一揆）。

一五六八年	（永禄11）	織田信長、将軍足利義昭を奉じて入京。
一五七一年	（元亀2）	信長、延暦寺を焼く。
一五七三年	（天正1）	信長、義昭を追放、室町幕府亡ぶ。
一五八二年	（天正10）	本能寺の変、信長殺さる。
一五八七年	（天正15）	豊臣秀吉、聚楽第を造る。
一五九〇年	（天正18）	秀吉、京の町割を整理。
一五九一年	（天正19）	秀吉、千利休に切腹を命じる。秀吉、京の周囲に「お土居」を完成する。
一五九四年	（文禄3）	秀吉、伏見城を造る。
一五九八年	（慶長3）	秀吉、死亡。
一六〇二年	（慶長7）	徳川家康、二条城の建造に着手する。
一六一一年	（慶長16）	方広寺大仏殿が完成。角倉家、高瀬川の整備に成功、大坂への水運がひらけた。
一六一五年	（元和1）	本阿弥光悦、鷹ヶ峰に移住して芸術の村をつくる。
一六四〇年	（寛永17）	六条柳町の遊郭が朱雀野に移り、島原とよばれる。
一七〇二年	（元禄15）	赤穂浪士、吉良邸に討ち入る。
一七三〇年	（享保15）	京都市中大火。西陣、約七千台の織機を失う。
一七八八年	（天明8）	京都市中大火。
一七八九年	（寛政1）	光格天皇、典仁親王に太上天皇の尊号を贈ろうとし、幕府に拒否される（尊号事件）。

一八五八年（安政5）	幕府老中堀田正睦、通商条約の勅許を請うため上洛する。九月、梅田雲浜など多数の尊攘派志士が検挙投獄さる（安政の大獄）。
一八六〇年（万延1）	孝明天皇の妹和宮、将軍家茂へ降嫁するときまる。
一八六二年（文久2）	薩摩藩の過激派が、伏見の寺田屋で斬られる。幕府は、京都守護職を設置し、会津藩主松平容保を任命。尊皇攘夷派が京都で、佐幕派に対しさかんに天誅。
一八六三年（文久3）	姉小路公知、暗殺さる。京都で新選組が誕生する。八月、幕府派のクーデターが成功し、長州など尊攘派が京都から追放さる（八月十八日の変）。
一八六四年（元治1）	将軍家茂、入京する。新選組、池田屋を襲撃、多数の志士を殺す（池田屋騒動）。長州藩、京都で薩摩藩らと戦い敗退する（蛤御門の変）。
一八六六年（慶応2）	孝明天皇没。
一八六七年（慶応3）	明治天皇、即位。将軍慶喜、大政を朝廷に返還する。坂本竜馬、中岡慎太郎、暗殺さる。王政復古が決定される（小御所会議）。
一八六八年（明治1）	鳥羽、伏見で戦闘始まる（戊辰戦争）。明治天皇、京都を出て、江戸に二ヵ月滞在。
一八六九年（明治2）	東京遷都（三月）。町組ごとに小学校がつくられる。
一八九〇年（明治23）	琵琶湖疏水、完成する。

京都の謎

目次

10 銀閣寺《ぎんかくじ》は義政《よしまさ》の妻のへそくりで建った……177

――日野富子《ひのとみこ》、〝日本一の悪女〟説の謎

装丁 フロッグキングスタジオ
地図作製 Lotus 林雅信
写真提供 毎日新聞社
共同通信社

1

なぜ桓《かん》武《む》帝は平安遷都を急いだか

——魅力に乏しい京都が首都に選ばれた謎

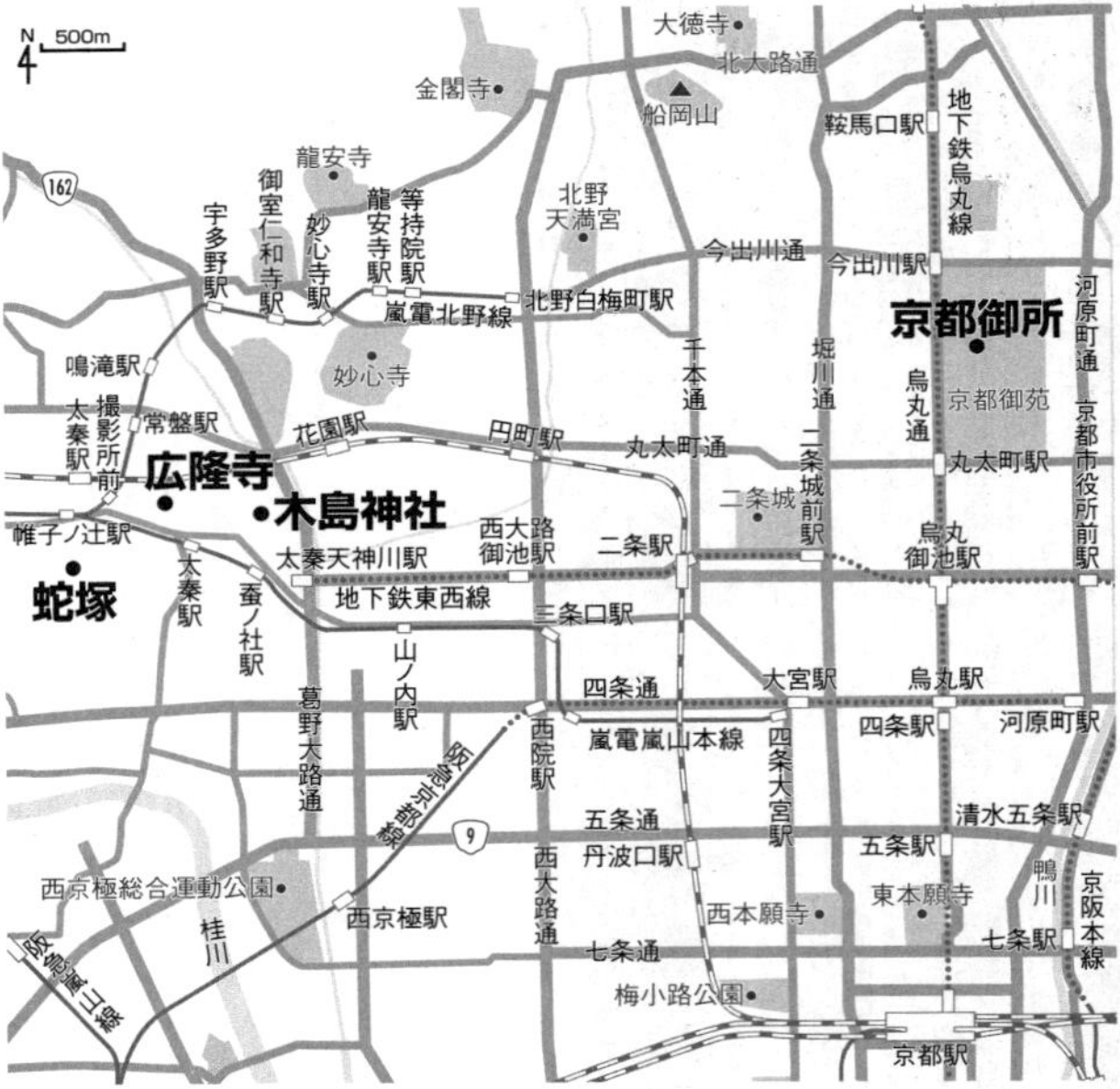

＊この章の主な登場人物

桓武《かんむ》天皇

藤原種継《ふじわらのたねつぐ》

早良親王《さわらしんのう》

和気清麻呂《わけのきよまろ》

●何が桓武《かんむ》天皇を山背国《やましろのくに》に引き寄せたか

古代の京都を想起するには、南側の、つまりJR山崎《やまざき》駅あたりに東西の堰《せき》をつくり、できあがる盆地に水を注ぎこんでみたらよい。

すると京都市内のほぼ全域は広大な低湿地となり、東西と北の三方の丘陵《きゅうりょう》のふもとあたりにだけ人間が住めるということがわかる。

それがおよそ七世紀のころまでの、山背国葛野《かどの》と呼ばれていた京都の景観であった。それ以前には水位がもっと高く、水たまり・湧泉《ゆうせん》・池などがいたるところに見られる小動物の楽園であり、どちらかといえば人間が住むのに適した場所ではなかったといえよう。

水は徐々に南へ引き、やや高めの部分にはわずかの集落ができはじめたとはいえ、平安京《へいあんきょう》という新しい都が置かれるようになるころになっても、低地そのものはさほど魅力に富む場所ではなかった。

なぜ桓武天皇とその側近たちは、そのような場所を新都にえらんだのであろうか。

右京区《うきょう》の太秦《うずまさ》に行ってみよう。嵐電の北野《きたの》線と嵐山《あらしやま》本線とが合わさる駅を「帷子ノ辻《かたびらつじ》」という。撮影所があり、かつての映画全盛期には見学者の嬌声《きようせい》で賑《にぎ》わったり、時代劇に使う馬が飼われていたり、ちょっと変わった雰囲気の町だった。映画の衰退とともに淋しくなったが、そのあとにできた映画村はたくさんの観光客を集めている。

われわれが見に行くのは「蛇塚《へびづか》」という。蛇塚なんて聞いたことがない、どうもおもしろいものではなさそうだという人が多いだろうけれど、あの有名な国宝弥勒菩薩像《みろくぼさつぞう》のある広隆寺《こうりゆうじ》のすぐ近くなのだから、これはぜひ立ち寄ってみるべきだ。

もっとも、これから先の話では、この広隆寺も蛇塚も同じ意味を持つのだが、何よりも先にはっきりさせておきたいのは、桓武天皇を山背国に引き寄せたちからが何であったのか、だ。それには広隆寺よりも蛇塚のほうがふさわしいのである。

巨石が、ぜんぶで二十個ほど積み重ねてあるだろうか。ただ石が積んであるとしか見えなければ、それは裏側から見ているのであり、反対側に回れば石室《せきしつ》であ

秦氏の古墳と伝えられる蛇塚の石室

ることがすぐにわかる。

これが、秦《はた》氏の首長を葬《ほうむ》ったといわれる横穴式の前方後円《ぜんぽうこうえん》の古墳《こふん》だ。もちろん建造当時は石室の上部に墳土が盛り立ててあったのだが、雨水に洗い流され、いまではただ石室だけが露出して残ったのである。かなり以前、石室のなかには蛇が群棲《ぐんせい》していて、それが蛇塚という名のおこりになったものらしい。

蛇塚の前に立つとき、平安京以前にこのあたり一帯に住みついていた豪族秦氏の優れた技術と強大なちからの跡を偲《しの》ぶことになるのである。

桓武天皇を山背国に引き寄せたさまざまの要因のうち、その最も大きなものの一つが秦氏の存在ということであった。

●秦氏は三角鳥居《とりい》をつくった日本一の豪族

さて、この秦氏一族は朝鮮半島の新羅《しらぎ》からの帰化人であった。帰化人というと、やや法的な意味を含むことになるので、いまは避けたほうがよく、ここでは渡海来住《とかいらいじゅう》民族と呼んでおくことにしよう。

平安京以前の山背国には秦氏だけが住んでいたわけではなく、南部には同じ渡海来住民族の高麗《こま》氏がいたし、北方には賀茂《かも》氏が、東方には八坂《やさか》の造《みやつこ》（高麗氏の一分流）が住んでいた。

賀茂氏ゆかりの賀茂神社や、八坂の造が創建した八坂の塔（法観寺《ほうかんじ》）は、太秦の広隆寺とともに古代京都の先住者の跡なのである。

だが、秦氏はなかでも有力な一族であった。それは彼らが半島からたずさえてきた文明がきわめて優秀であったということに尽きる。土木灌漑《かんがい》・養蚕《ようさん》・機織《はたおり》・酒造《しゅぞう》の技術はおどろくほどに高く、なかでも桂《かつら》川に大堰《おおぜき》をつくって流水量を調節しえたという業績は、他の諸氏族を圧倒するに足《た》るものであった。

木島神社の三角鳥居と広隆寺

彼らが伝えた珍しい造型がある。広隆寺の東側に護法神《ごほうしん》として勧請《かんじよう》（神道用語で、神様をおむかえして祀《まつ》ること）された木島 坐 天照御魂《このしまにますあまてるみたま》神社の三角鳥居がこれだ。ふつう、鳥居といえば二本の柱だが、これは三本柱であり、上から見ると正三角形になっている。

二本柱の鳥居は、前から後ろにぬける一軸の思考だけにしか耐えられないのだが、木島坐天照御魂神社の鳥居は三方に放射する思考の源のように思われ、「裏か表か」の単純な考えかたに慣れた日本人を困惑させる。木島坐天照御魂神社には蚕養《こがい》神社があるので、蚕《かいこ》の社《やしろ》とも呼ばれ、むしろこのほうが親しまれている。京福電鉄嵐山本線の駅名ともなっている。

さて、そのような科学技術のほかに、大和《やまと》朝廷を中心にしてしだいに展開しつつあったのが漢語系の文化と新羅経由の仏教だったということ、これもまた秦氏の勢力を伸ばしてゆくうえでは有利だった。

優秀な来住者集団――秦氏は、いわば多角的な集団経営能力を十分に発揮していたのである。聖徳太子《しようとくたいし》のころの朝廷と関係を深めたのも、そうした多角経営の一部であったと考えられる。さきにあげた広隆寺ははじめ蜂岡《はちおか》寺と呼ばれ、推古《すいこ》天皇の時代に秦氏によって建てられたのだが、ことの発端《ほったん》は聖徳太子にあった。すなわち太子が新羅から贈《おく》られた仏像を安置する寺の建設者を広く募《つの》ったところ、これに応じたのが秦氏だったという。

ほかにも、物部守屋《もののべのもりや》を斬《き》って太子を守ったというような、太子と秦氏の強い結びつきを語る話は多い。

その秦氏が根拠地の拡大を求めて山背国南部の低湿地に着眼し、得意の土木技術をもってその開発にあたろうとしはじめたとき、奈良（平城京《へいじょうきょう》）を首都とする桓武天皇の朝廷はひどくむずかしい状況に追いこまれていた。

●新しい政権には新しい首都が必要

歴史において何がスリリングであるかというとき、首都――みやこがその土地を定めること以上にスリルに富む瞬間があるだろうか。資本主義時代の企業の場合でも、その設置場所の適否いかんが企業の成績に大きく影響する。当然、事前には慎重な市場調査があるわけだけれども、「これを売るんだ」という供給の動機がある企業の場合はまだやさしいともいえる。

これにくらべて、政治というのは大変な事業だ。たしかに政府は権力を持っているけれども、それは被支配者のちからの重さと計りくらべた残りが権力だというような、つまり相対的なものではない。支配できようとできまいと、政府ははじめから権力を持って存在しなければならなかった。

では、その権力の実体はどこにあるのかとつきつめてゆくと、どうやらそれは、どこか一定の場所がなければかっこうがつかないということのほかには考えられない。奈良の次の首都をどこに定めるかということは、なかなかの大問題だったのである。

奈良を脱出しなければならなかった理由として、ふつうは仏教との関係が深みにはまりすぎて、朝廷の身動きがとれなくなったためということがいわれ、たしかにそれは納得しやすい説明であるが、もう一つには、桓武天皇の即位という事態によって天皇の血統に変化の起こったことがあると思われる。すなわち、壬申《じんしん》の乱のあとしばらくは天武《てんむ》天皇系によって皇統がつづけられ、天智《てんち》天皇の系統は皇位から遠ざけられていたのである。

天武系の内で皇位争いがつづいた結果、桓武天皇の父である白壁《しらかべ》王のときになってようやく皇統は天智系にまわってきた（光仁《こうにん》天皇）。皇太子には皇后の実子が立っていたから、この時点では、桓武天皇が実現する可能性は閉ざされていたのである。

しかしここに、結果的には京都を歴史の舞台に登らせることになった事変が持ちあがったのだ。

宝亀《ほうき》の変といい、呪《のろ》いをかけたとの疑いを持たれた皇后が突然に廃せられ、その子も皇太子の椅子から追い落とされてしまったのである。皇后が疑われたのは、姉（称徳《しょうとく》天皇）にならって、自分も女帝になろうと策略したのではないかといわれる。

桓武天皇は即位した。光仁から桓武へと二代つづけば天智系はひとまず安定するわけだが、そうなった以上、天武系の根拠地である奈良には居づらいのだ。

つまり奈良脱出・新京建設という桓武天皇の「新体制」とは、決して新しい性格の政策という意味ではなく、天皇とその官僚が安心して住める場所への移動にほかならなかったのである。

桓武天皇の出現は皇統の系列が交代したことを意味するから、朝廷の官人の系列にも変化が起こった。総選挙で第一党が入れかわると、田舎のお巡りさんまで交代させられたという明治時代と似た現象が起こったわけだ。そういう事情につられて、それまではさほど強力ともいえなかった秦氏の政治的地位が急に高まり、桓武天皇との強い結びつきが生じてきたのだった。

　奈良を出た桓武の朝廷が平安京に落ちつくまで、約十年の長岡京《ながおかきょう》時代が挟《はさ》まる。

　長岡京の京域は長岡京市を中心に京都市と向日《むこう》市にまたがっていた。長岡京趾《し》の発掘調査はかなり進んできており、それによると、大内裏《だいだいり》（天皇の住居）をはじめとして、これをとりかこむ条坊《じょうぼう》（タテ・ヨコの道）がほとんど完成したものであったらしく、みやことしての機能はかなり備《そな》わっていたといえるようである。藤原種継《ふじわらのたねつぐ》・藤原小黒麻呂《おぐろまろ》・佐伯今毛人《さえきいまえみし》といった桓武天皇の有力朝臣《あそみ》が慎重に土地の選定を行なった結果のことでもあり、その西北にあたる大枝《おおえ》は桓武天皇の母方《ははかた》の土師《はじ》氏が住む土地でもあった。

　長岡の地相《ちそう》を考えてみても、東に桂川、西に丹後路《たんごじ》、北に北山《きたやま》と丹波《たんば》山系、東南には巨椋池《おぐらいけ》が開け、中国が首都を置くときの「四神相応《ししんそうおう》」（東西南北のパターンを定める方位学）の基準に合っていた。近くには桂・木津《きづ》・宇治《うじ》の三川が合流する淀《よど》もあり、いわば交通の要所でもあったのである。

　では、条件もよく、造営工事も半ば完了していた長岡京がわずか十年で廃され、いよいよ平安京の出現へと舞台が回ったのは、なぜだったろう。

●怨霊《おんりよう》に追われて決意した平安遷都

あらためて、秦氏の存在を考え直してみなければならないと思う。

平城京から長岡京への遷都と、長岡京から平安京への遷都、この二つを遷都としては同じなのだと考えてはまちがってしまう。桓武朝にとって何より必要だったのは、奈良からの脱出ということだった。だから、奈良→長岡→平安京と、三段階に分けて考えるよりも、奈良から山背国へという二段階を考えるほうが理解しやすい。平安遷都は長岡遷都のやり直し、修正版だったと考えるべきであり、その両者をつなぐものが秦氏だった。

洪水の恐れがあるという共通の弊を差し引くと、山陰道により近いのが長岡であり、葛野郡はそれよりもやや北にあたる。新京の地として葛野もはじめから候補にのぼっていたはずだが、先に長岡に決定したのは、山陰道に近いという、ただそれだけの差だったろう。

長岡京の建設そのものがすでに秦氏の事業の範囲に入っていた。新京造営の最高責任者である藤原種継の母は秦氏であり、藤原小黒麻呂は妻が秦氏であった。

加えて、桓武天皇には母の系統を通じて百済《くだら》の血が流れており、渡海来住民族のうちで最も強大な秦氏に対する親近感こそあれ、遠ざける理由はまったくなかったのだ。

延暦《えんりゃく》三年（七八四年）五月に長岡への遷都《せんと》が公表され、十一月には桓武天皇がここに移っている。わずか半年で天皇の遷住《せんじゅう》にまでこぎつけたということの裏に、新京建設の計画準備が十分に練られていた経過を推《お》しはかることができる。

ところが翌年九月、新京建設の中心人物である藤原種継が暗殺されてしまうという大事件が持ちあがった。種継暗殺を指令したのは大伴継人《おおとものつぐひと》であると判明したが、平城京への復帰を強要する強いちからと、新京を山背国に誘致した秦氏に対する怒りとをまざまざと見せつけられた事件だった。

ここで新京建設を中止してしまえば桓武天皇の敗北である。だが、その後約八年間、工事は続行され、みやこは長岡にあったのだ。

実際、桓武天皇はよく耐えたものだと思う。種継事件の波紋は広がり、桓武天皇の母弟である皇太子早良親王《さわらしんのう》までが嫌疑《けんぎ》をかけられて晴れず、淡路《あわじ》島に流される途中で死んでしまった。このような死であることだけでも、早良親王が怨霊となって祟《たた》るには十分であるのに、死後あらためて淡路に送られたのである。桓武天皇に対する親王の祟りはひどいものだった。

夫人藤原旅子《たびこ》――死、生母高野新笠《たかののにいがさ》――死、皇后藤原乙牟漏《おとむろ》――死、伊勢神宮――放火、新皇太子――病気……こういう不幸が次々と桓武の身を襲った。

呪いや祟りの苦しみは、それが誰の怨霊によるかが判明するまでで半分、残り半分は永久に、しかも直接にはゆかりのないはずの人にまでつづく。京都の左京《さきよう》区上高野《かみたかの》、叡山《えいざん》電鉄叡山本線に乗ると、三宅八幡《みやけはちまん》駅を出て少し進んだところの左手に崇道《すどう》神社というのがある。早良親王の祟りに悩まされた桓武天皇は、この親王に崇道天皇の名を贈ったが、その怨霊を永久に鎮《しず》めるために造られた神社である。

数えきれぬほどの怨霊の群れの、たとえれば休火山の上表層にこわごわとつづけられてきているのが京都の歴史である。よく頑張った桓武天皇ではあったが、ついに耐えきれずに長岡京を捨てたのである。現代の合理的な考えからすれば、その恐ろしい怨霊は、長岡に置き去りにすべきではないかということになろう。だが、怨霊のちからはそんなになまやさしいものではないのであった。

ともあれ、〝怨霊指定第一号〟の早良親王によって平安遷都の途《みち》がほぼ決定したということになる（怨霊については、59ページ以下に詳述）。

長岡から葛野への新京移転、これを秦氏との関係でいえば、ついに秦氏は朝廷という魅力的な集団をその本拠地に迎えたということになる。平安新京の建設にあたって秦氏の果たした役割はあまり大きく評価できないとか、いや、やはり財政的な援助は相当なものだといった議論があるようだが、この議論はいくらやっても果てしがないと思う。秦氏による新京の誘致というところから考えはじめないからだ。桓武天皇に葛野の地をすすめたのは和気清麻呂《わけのきよまろ》で、彼の進言が決定的だったのは事実だろうが、その前提には桓武天皇と秦氏とのあいだの暗黙の了解事項が必要だったはずで、清麻呂は引き金を引いただけの役割だった。

たとえば、葛野の地の最大の難関——河川《かせん》修理——にしても、そこが秦氏の根拠地であるということによって解決されうる難関となるのだった。

つまり、こういうことなのである。

「それでは葛野に移りましょう。しかし、あの暴れ川は困ったものですな」

「おまかせいただきましょう」

●都の発展と引きかえに秦氏は消えた

秦氏にとって朝廷が魅力的な存在であったのは、なぜだろうか。金儲けのためだったとするのは、もちろん正確ではない。もっともっと大きな魅力、いってみれば、彼らの祖先が大陸からたずさえてきた文明のありったけを注ぎこんで、朝廷という〝試作品〟をつくってみようというぐらいのところだったのではないか。

秦氏にとってただ一つの誤算は、自分で誘致して育成するほどの気持ちだった朝廷が意外に速く成長し、気がついてみたら自分たちのほうが帰化人として組みこまれ、まるで平安京の発展と引きかえるかのように、氏族としての生命を失ってしまったことだった。

大企業を呼びこんで、さあこれで生活は楽になると思うまもなく、その住民の健康が公害でむしばまれていたという、現代諸都市の話と、どこか似ていはしないだろうか。

2

なぜ東寺《とうじ》が栄え、西寺《さいじ》は消えたか

——京都随一の大伽藍《だいがらん》消失の謎

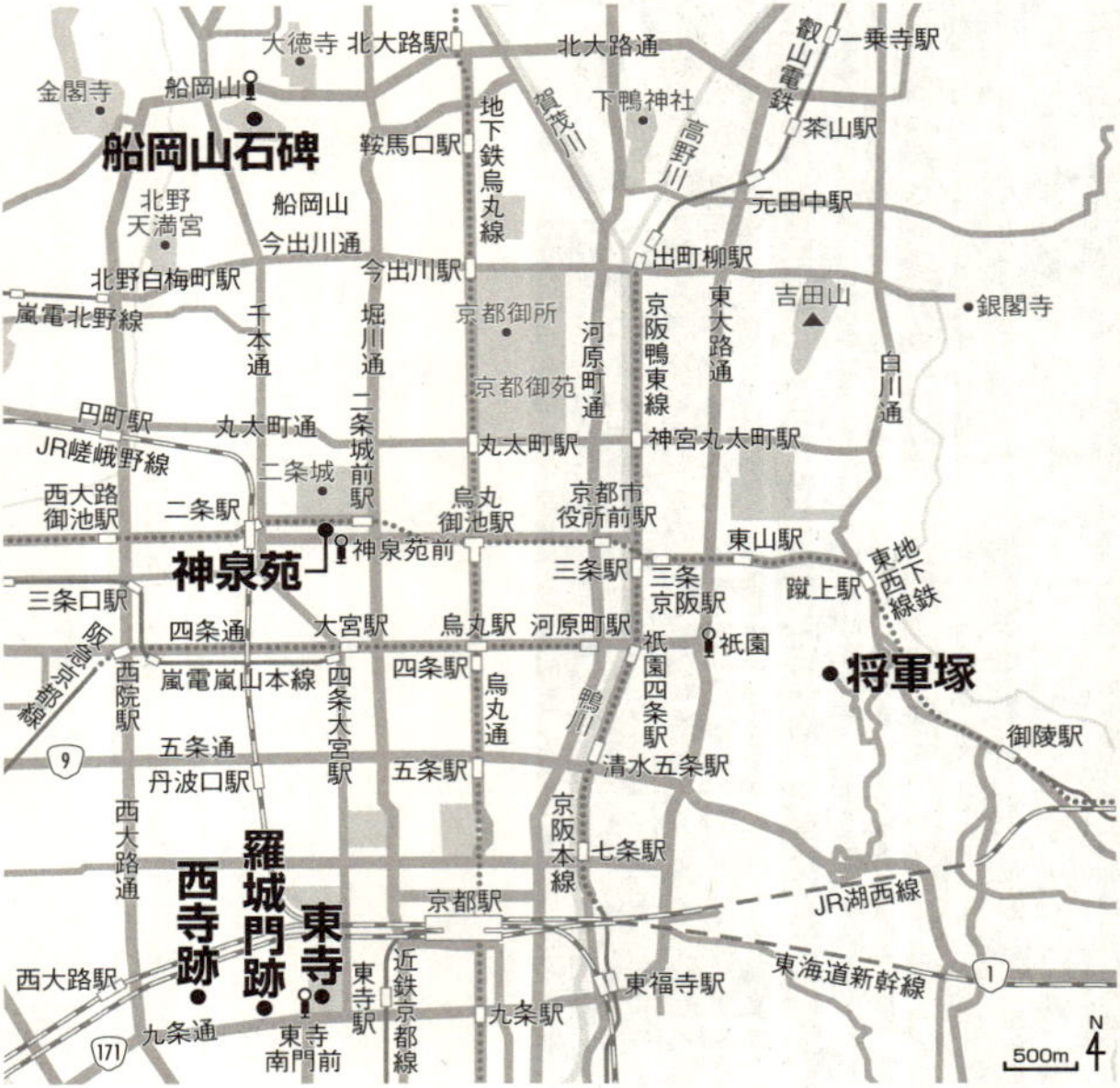

＊この章の主な登場人物

弘法大師《こうぼうだいし》（空海《くうかい》）

守敏大徳《しゅびんだいとく》

嵯峨《さが》天皇

淳和《じゅんな》天皇

●平安京《へいあんきよう》は船岡山《ふなおかやま》に始まった

蛇塚《へびづか》につづいて、またまた石の話で始めよう。

その石は船岡山の頂上にある。「船岡山」という市バスの停留所があり、北に上れば大徳寺《だいとくじ》の広い境内だが、反対に南へちょっと下る。

山というよりは丘というほうが適当なくらいで、ゆっくり登っても二十分あれば頂《いただき》に出るだろう。山頂近くに神社があるが、これは建勲《けんくん》神社であり、織田信長《おだのぶなが》が祭神《さいじん》である。

さて、問題の石は山頂にあって、高さは人間の背丈ほど、ずんぐりと、ほぼ三角錐《さんかくすい》の形になっている。（編集部注・現在はありません）

この石が何であったかはしばらくおき、石を背に、すなわち南を向いて立ってみる。すると眼下には京都の市街が一望のもとに眺められるはずである。

しっかりと目に留《と》めてほしいのは東寺《とうじ》の塔であるが、ああ、東寺があるな、というだけではいけない。東寺――ひがしの寺、すると西寺《さいじ》は、というところまで考えてほしい。頭をめぐらした方角にはそれらしい物影が何も見当たらないこと

船岡山石碑

にまで気がつけば、なおよろしい。

何か思い当たることはないだろうか？　いま自分の立っている船岡山の位置がなんとなく、一線上にあるということについて——。

さよう、平安京はこの船岡山山頂に始まったのである。船岡山に始まったという意味をもう少し正確にいえば、平安京の中心を南北に走る朱雀大路《すざくおおじ》が、この船岡山山頂から真南を向いて引かれる線に重ねてその位置を決定されたのであった。

いまから振り返って平安新京の概略図を描いてみても、朱雀大路の位置は船岡山を起点としなければ、それ以外にありえなかったことがわかる。

ただし、これはいまだからいえるのであって、朱雀大路をどこに置こうかということは、担当者を大いに悩ませたものだろう。

もっとも、平面図を握りしめてはじめて葛野《かどの》にやって来た担当者は、その難題がたちまち氷解するのを知ったはずである。というのは、すでに先住者のあいだで、この船岡山山頂の石は一種の巨石信仰の対象となっていたにちがいないからだ。おそらく、この石の周囲には、その信仰のしるしとしての簡単な社《やしろ》のようなものが造られていたろう。とりあえずお参りでもしておこうかと船岡山に登ったとき、眼下の低地部分が左右に等しく広がっていることはすぐにわかったろう。

平安京は船岡山に始まったのである。

●消え失《う》せてしまった京都一の大伽藍《だいがらん》

都市としての平安京の性格については、それがただひたすらに政治的機能性を追求したものであったというふうに語られている。それに加えてわたしは、四角形の発想に固執したことをも十分に考えてみなければならないと思うのである。

地図の上にさっと直線を引き、シベリア鉄道のレールはこのようにせよと命じたロシアの皇帝があったそうだが、こちらは面積を有する四角形であるだけ余計に厄介なものだった。賀茂《かも》川や高野《たかの》川の流れを少しずつ東に寄せることはできたとしても、なお湧出《ゆうしゅつ》をやめずにいた大きな池だけは処置に困ったのである。

思いきってこれを平安京大内裏《だいだいり》の禁苑《きんえん》（内裏のなかの庭園）とする策がとられた。神泉苑《しんせんえん》である。

周囲から埋め立てられたあげく、その大部分の敷地を二条城《にじょうじょう》に取られたからいまは見るかげもないが、当時は東西二町（約二〇〇メートル）・南北四町（約四〇〇メートル）の規模《きぼ》を誇った。神泉苑の占めた区画は広く、鹿を放ち蓮《はす》を植えてみると、それはさながら〝京都のなかの京〟の光景であった。

太古の湖底に造られた平安京という歴史をそのままあらわしたのが神泉苑であったが、これの対照として、つまり四角形的発想のポイントとして造られたのが東寺と西寺であった。二目《にもく》おいて始められた棋譜《きふ》といったかたちであるが、そのうち東寺は栄え、西寺はなくなったままである。

早く倒れてしまい、その後ついに再建されなかった羅城門《らじょうもん》に代わって、東寺の五重塔は京都の入口を示すシンボルとなった。東は大宮《おおみや》通り、西は壬生《みぶ》通り、

東寺　五重の塔

八条《はちじょう》と九条《くじょう》を南北の境とする東寺の寺域は、市内で最も広い。

内部諸建築は創建当時のままではないが、伽藍の配置は変わっていない。南《みなみ》大門《だいもん》から入ると、まず金堂《こんどう》があり、次が講堂になる。大日如来《だいにちにょらい》を中心とする二十一体の仏像は密教《みっきょう》というものの荘厳さを直接に伝えてくるのである。

東寺が、これだけ壮大な規模を今日まで残しているのに対し、西寺は、ただわずかの古瓦《ふるがわら》と寺名・町名を残しているだけだ。

なぜ西寺は再建されなかったのだろうか。

●王城守護に一役買った将軍塚《しょうぐんづか》と大将軍社

朱雀大路が九条大路に達するところ、これが平安京の正面入口であり、羅城門が造られていた。羅城門をくぐった朱雀大路は鳥羽作道《とばつくりみち》となり、水路となって淀《よど》から摂津《せっつ》、そして西国《さいごく》につながっている。羅城門からそれぞれ二町（約二〇〇メートル）の間隔で、東寺と西寺はほぼ同じ時期に建造されたのである。

羅城門を左右から挟む位置に建造されたことからもわかるように、東西の二寺は平安京を守護するという役割を、しかもただそれのみを負《お》った寺として出発した。はじめから御用寺院だったと極言してもいいわけだが、その代わりに朝廷守護以外のこと、たとえば、布教の義務などから免《まぬが》れていたのである。東西二寺が建立《こんりゅう》されてからしばらくのあいだは、民間で寺を造ることさえも禁じられていたほどだった。それは奈良の旧仏教が平安京に入りこんでくるのを防ぐ策でもあったし、国家鎮護・王城守護の寺である東西二寺をひときわ浮かびあがらせるためでもあった。

日本の官立官営寺院といえば、誰でもすぐ東大寺《とうだいじ》を思い出すだろう。あるいは諸国に置かれた国分寺《こくぶんじ》・国分尼寺《こくぶんにじ》のことを考えるだろう。たしかにこれらの寺にも国家鎮護の役割は当てられていたのだけれども、それとともに朝廷の崇拝する仏教の思想をその土地に伝播《でんぱ》するという一種の啓蒙的な役割もあった。それだけに庶民との接触もかなり多かったわけで、比較的開放性を持っていたといえる。

平安京の東寺・西寺となると、これはただ国家鎮護のため、王城守護のためにひたすら祈るだけである。祈りによって効験《しるし》を示すという考えかたは古い仏教にも強かったが、これは、高徳に対してよい結果が報《むく》われるという感じで受け取られていたというほうが適当であり、因果《いんが》応報、『日本霊異記《にほんりょういき》』の世界観だった。一生懸命に努めていれば、いつかは宇宙の法則とぴったり合うタイミングがある、というような感じ、客観主義の方法だといってもよいだろう。

新しい仏教の方法論は、この点について一つの新テーゼを打ち立てたわけである。ひたすら祈念に打ちこむことによって如来の神力加持《じんりきかじ》にすがり、宇宙の中核に近づいてゆこうとする考え——密教が最澄《さいちよう》・空海《くうかい》（弘法大師《こうぼうだいし》）によって弘《ひろ》められ、とくに弘法大師に始まる真言《しんごん》密教は東寺をその舞台とすることによって平安新京の仏教となってゆく。

さて、平安新京の四角形の発想に戻ろう。

王城を守護するために造られたのは東西の二寺だけではなかった。祇園《ぎおん》の円山《まるやま》公園の裏山に登ると——というよりは東山《ひがしやま》ドライブウェイを使ったほうがはるかにやさしい——将軍塚《しようぐんづか》と呼ばれるところがあり、元来は古墳なのだが征夷大《せいいたい》将軍坂上田村麻呂《しようぐんさかのうえのたむらまろ》にゆかりを持つようになり、市街を一望に見下ろせる地でもあるので、京都を守護するという意味が込められるようになった。田村麻呂の墓所そのものは山科《やましな》の栗栖野《くるすの》というところにあり、東を向いて立ったまま埋められている彼は、いまでも京都を守っているのである。これも将軍塚と呼ばれるのであるが、本物はこっちだ。

また、同じ将軍でも意味はちがうが、陰陽道《おんみようどう》において四方を正しく保つ方角の神——大将軍——を祀る神社が平安京の東西南北の外廓に置かれてもいる。四つの大将軍社はいまも残り、西の辺に置かれたものは大将軍という町名になっている。

将軍塚、四つの大将軍社、そして東寺と西寺――京都を守護するために置かれた七個のものを考えるとき、将軍塚と大将軍社については、何も問題はないというか、とにかくすっきりと納得できるのだ。蝦夷《えぞ》を征服した強い田村麻呂に、その死後も守ってほしいと願うのは当然だし、大将軍は各辺をそれぞれ三年の周期で移動するという自律性を持っているのだから、その行程の邪魔にならないようにさえしていればいいわけだ。

だが、東寺と西寺はどうも気になるのである。四角形のなかに同じものが二つあって、おのおのは独立した一個の存在でありながら目的は一つ、王城守護・国家鎮護というところに、なにかひっかかるところを感じないであろうか。モーター・ボートのエンジンではない、一つよりも二つのほうが能率がよいというわけでもないだろう。

東西対称に二寺を造るというのは、平城京の東大寺・西大寺《さいだいじ》の例にならったわけだが、旧仏教の克服を課題として奈良を脱出したにしては、あまりにも見識のない継承だったとはいえないだろうか。羅城門の左右におのおの一宇《いちう》の寺が必要だ——ほんとうにそうなのであるかということをつきつめて考えなかったところに、消えた西寺の運命が予告されていたと思う。これは思想の問題なのである。

●左右対称が破れて西寺の没落が始まる

延暦《えんりやく》十五年（七九六年）、すなわち平安遷都《せんと》後二年にして東寺と西寺の建立《こんりゆう》が始まった。

弘仁《こうにん》十四年（八二三年）が両寺にとって画期的な年となった。つまり嵯峨《さが》天皇の勅命《ちょくめい》によって東寺は弘法大師空海に、西寺は守敏大徳《しゅびんだいとく》に与えられることになったのである。この前年、ともに新仏教を伝え弘めたライバルの伝教大師《でんぎょうだいし》最澄は没し、いまや空海は新仏教のテーゼをふりかざして猛進する仏教界の第一人者であった。その空海に東寺が与えられ、西寺を与えられた守敏は空海の弟子筋でもない、傍流の真言僧であったというところに、早くも東寺の優位、西寺の劣位の関係が始まっていたといえよう。

東寺の別称が教王護国寺《きょうおうごこくじ》であることを知っている人は珍しくないだろうが、

一方、いまは消えた西寺が別称をなんと呼ばれていたかという点について知る人はないだろう。実は、わたしも知らないのである。調べたのだが、わからない。東寺に教王護国寺の別称が与えられたのは弘仁十四年、つまり空海がこの寺を一任された時とほぼ同じころらしいから、もちろん西寺はまだ焼失していない。にもかかわらず、どうやら西寺のほうには寺号《じごう》が与えられていないらしいのだ。

東寺の優位・西寺の劣位という関係は、これが空海と守敏に与えられたとき、すでに動かしがたい事実となっていたようである。

西寺が、塔を残して焼失したのは正暦《しょうりゃく》元年（九九〇年）だが、ちょうど十年前、羅城門が暴風雨で倒壊した。その羅城門の楼上には、王城鎮護のシンボル——兜跋毘沙門天《とばつびしゃもんてん》が安置されていた。

この毘沙門天は、いま東寺金堂にある兜跋毘沙門天と同一であるとする説があり、とすれば、羅城門が倒壊したとき、毘沙門天はただちに東寺に移されたのである。

この話は、すでに西寺が、東寺の勢力に完全に抑えつけられていたことを示すといってよいだろう。たった一個しかない王城鎮護の毘沙門天を東寺に横取りされても、西寺としては文句ひとついえない状態にあったと思われる。

おもしろいのは、そういうことでは左右対称の原則に背《そむ》くのではないか、と気に病《や》む人が少なくなかったらしいと推測されることだ。

そんなことはどうでもいいじゃないかと笑ってすませられるのは、現代人の怠惰というもの。西寺は衰微の一途をたどり、一方の東寺は、空海の没後もますます栄えてゆく現実のアンバランスはどうしようもないが、といってなにか納得できる説明がなければ不安でたまらぬという空気——次にあげる伝説が生まれたのはこういう理由だろう。

●神泉苑を舞台に空海と守敏の法力《ほうりき》争い

天長《てんちょう》元年（八二四年）——ということになっている——日ごろからことごとに空海に対立していた西寺の守敏が、あの神泉苑において降雨祈願の法力を争い、空海にさんざんに敗れたというのだ。二人の仲の悪さは、互いに相手を呪《のろ》い殺そうとしていたほどだったというから、とにかくすさまじいかぎりだったのだろう。

さて、その法力争いの様子は次のようだった。

天長元年、夏になると一滴の雨も降らない。淳和《じゅんな》天皇は、神泉苑での降雨祈願を空海に命じたが、守敏がこれをさえぎり、先に自分に祈願させてほしいと願い出た。七日間の祈願で守敏はわずかの雨を降らせたが、乾ききった都の土を潤《うるお》すまでにはほど遠い。

代わっていよいよ空海の番だが、七日を経ても何の効果もあらわれない。疲れきった空海が心眼《しんがん》を凝《こ》らして見れば、なんと雨をもたらすべき竜神《りゅうじん》は守敏の呪いによって水瓶《みずがめ》のなかに封じこめられているではないか。先陣を買って出て失敗した恥を隠すには、空海の成功をなんとしても妨害しなければならない守敏だった。

だが幸いなことに、善女竜王《ぜんにょりゅうおう》だけは守敏に捕まらず、天竺《てんじく》（インド）の無熱《むねつ》池《ち》にいた。これを知った空海は、天皇の許可をうけてさらに二日の修法《しゅほう》を講じると、天竺にあった善女竜王はようやく神泉苑の池底にいたり、水しぶきのなかに金色《こんじき》の姿を見せたのであった。待ちこがれた京の人々の頭上に甘雨《かんう》が降りそそいだことはいうまでもない。

この伝説は、いったんは守敏の計略に屈伏しようとした空海が、危機を脱して効験あらたかな法力を示すという、勧善懲悪《かんぜんちょうあく》のパターンとなっている。はじめからおわりまで、守敏には一つもいいところがないのだ。

そればかりか、別の説話が伝えるところでは、守敏の死そのものさえ、空海の死を願う呪いがはね返ったものだということになっているのである。守敏が自分を呪っているのを知った空海は、市《いち》に弟子を使いに出して葬送の道具を買わせ、空海が死んだと触れさせた。伝え聞いた守敏が、これぞわが祈念が天に通じたしるしと思うまもなく、空海の打ち返してきた呪力《じゆりよく》のためにたちまち息絶えてしまった、と。

もはやここまでくれば明らかであろう。説話は、東寺に圧迫されて衰えてゆく西寺の、その歴史的正当性までも否定するものとして伝えられてきたのだ。もちろん、一方の東寺は西に対する東の寺という相対的な意味からぬけ出し、名実ともに独立した教王護国寺として今日までの繁栄をつづけている。

正暦元年の出火で西寺はその大半を失い、文覚上人《もんがくしようにん》の復興の努力もあったが、実らず、ただ「守敏塚《しゆびんづか》」と呼ばれる跡《あと》を残すのみとなって江戸時代を経ている。西寺趾《さいじし》の近くには西寺という寺があるが、これはもと西方寺《さいほうじ》という寺が寺号だけを継承しているのである。

西寺はなく、東寺との中央にあった羅城門は一本の記念碑に姿を変え、東寺の

降雨祈願の法力合戦の舞台，神泉苑

名を聞いて西寺のことを思う人は少ないだろう。いまや東寺は、京都の南のシンボルとしてあまりにも有名だ。西寺を歴史の裏に蹴落とす舞台となった神泉苑は、その後しばしば降雨祈願の場所となったが、しだいに衰微し、江戸時代のはじめ、ついに東寺の管轄《かんかつ》下に入ってしまった。

3

なぜ天神様《てんじんさま》が学問の神様になったか

——京都を御霊《ごりょう》（怨霊《おんりょう》）が支配する謎

*この章の主な登場人物

菅原道真《すがわらのみちざね》

藤原時平《ふじわらのときひら》

宇多《うだ》天皇

醍醐《だいご》天皇

●怨霊《おんりょう》が胸張って散歩する街、京都

なにが京都らしい生活なのだろうか。「京の着だおれ、大阪の食いだおれ」を応用すれば、まず大いに着かざってみるのが京都らしい生活ということになるが、いかんせん、これはどうも費用がかかりすぎる。裏を読んで、というわけで、粗末な食いものに明け暮れする手もあることはあるが、別に京都でなければできないというほどのものではなかろう。それに——そういう傾向がないとはいえないが——京都には粗末な食いものしかないのだ、というようなことになっては、いろいろと差しつかえの起こる向きもあろう。

そこで思うのだが、京都の人間の心のなかにしかなく、ずっと昔のものではあるけれども、しかしいまに生きて残っているもの——怨（御）霊というものにしみじみつきあうのが最も京都らしい生活になるのではなかろうか。出雲《いずも》の安来節《やすぎぶし》の文句じゃないが、この怨霊とつきあったからとて、たいして重い「荷物にならぬ」だろうから。

怨霊を祀《まつ》っている神社が、京都には二十五もある。「八所怨霊《はっしょおんりょう》」のいいかたもあり、それは京都の怨霊指定第一号たる崇道《すどう》天皇（早良親王《さわらしんのう》）から菅原道真《すがわらのみちざね》まで、つまり怨霊のおおどころが八霊あることを指している。八に対する二十五という数字になっているのは、怨霊を鎮《しず》めておくのがどんなに困難であるかということのあらわれであると考えればよい。一つの霊を一つの社《やしろ》に祀るぐらいのことでは、怨霊の祟《たた》りを鎮めておくことなどできたものではないのである。

その名もずばり御霊《ごりょう》神社というのが御所《ごしょ》を挟んで上《かみ》・下《しも》の二つある。前に書いた左京区上高野《かみたかの》の崇道神社もそれだし、天満宮《てんまんぐう》と名のつくもののすべてが菅原道真の霊を祀ったものであることはいうまでもない。その発祥《はっしょう》はもちろん京都の北野《きたの》天満宮だ。

となると、天満宮などは全国のどこにでもあって珍しいものではないのだから、怨霊が京都特有のものだとはいえないのじゃないか、という人も出てくるだろう。

だが、そこはちがうのだ。なるほど天満宮は各地にあり、それぞれ菅原道真の霊を祀ってはいる。しかし、そこの住民の心のなかにどれほど深く入りこんでいるかという点になれば、やはり京都の比ではないのである。

上御霊神社

下御霊神社

不自然な死を遂げた人々の霊に対するただ一つのつきあいかたは、その霊を一人前のものとして認めてあげること、いいかえれば祟る権利を決して奪ってはならぬということである。「霊を慰める」などという結構な口を叩くなら、まずその前に、霊を恐れる気持ちを持っていなければならないだろう。

怨霊に鎮まっていてほしいと願う京都の御霊信仰は、その霊のすべてが朝廷における政治的敗残者であるにもかかわらず、かなり早くから市民の暮らしのなかに根を生《は》やして伝えられてきた。これはなぜか、ということが一つ。

もう一つは、「八所御霊」のなかでいちばん有名なのは菅原道真なのだが、いったいどうしてそのようなことになったのか。以上の二点、いささか前置きが長くなったが、これがこの章のテーマである。

●生《なま》殺しの死者が怨霊になって祟る

生と死はそれほどかけ離れているわけではなく、むしろつながっているものだという考えが「霊」の思想である。そうでなければ「生《い》き霊《りよう》」の考えが出てくるはずはないからだ。「生き霊」が生そのものであるから、十分に生ききった霊ならば、死霊《しりょう》・怨霊になる余地を残さない。

ところが、人事の世界では、十分に生ききれないという現実がある。何が十分であり何が不十分であるかという基準は、現代では混乱してしまって見極《きわ》めもつかないが、古くなればなるほど明瞭になってくる。すなわち、政治だ。

このことから、十分に生きるには取りあえず政治から離れていねばならないということになり、これはこれで大変興味ある問題だが、いまは余裕がない、先を急ごう。

早良親王（崇道天皇）のことは先に書いたが、親王は藤原種継《ふじわらのたねつぐ》の暗殺に関与したという理由で皇太子を廃され、淡路島《あわじ》に流される途中で亡《な》くなったのである。廃位処分に抗議して絶食したというから、医学的にいえば断食《だんじき》自殺であり、勝利者である桓武《かんむ》天皇には刑法上の責任はない。

だが、ここが問題なのである。桓武天皇がみずから手を下して殺したのであれば、早良親王は怨霊とはならなかったのではなかろうか。一対一の対決で、つまり政治以前のことで殺されたのであれば、それは自然死なのである。逆説のように聞こえるかもしれないが、桓武天皇は自分一人のこととして親王を殺さず、もってまわったやりかたで、すなわち政治的に死なしめた。桓武天皇の責任はここにおいて問われねばならないものとなる。

また、それは明らかに失政でもあった。親王の存在が悪であると断じた以上は、親王とそれに関係するもののすべてを処罰して再び立ちあがれないようにすべきであった。桓武天皇はそれを回避し、ただ皇太子の地位から引き下ろして流罪《ざい》にするという、いわばシンボリック（象徴的）に処罰したにとどまる。

正しいかたちの死でなかったということ、これが早良親王の霊をして、その死後の活動を認めることになるのである。伊予《いよ》親王とその母の藤原吉子《よしこ》が謀叛《むほん》の疑いで幽閉《ゆうへい》され自害するというケースをはじめ、橘逸勢《たちばなのはやなり》・文室宮田麻呂《ふんやのみやたまろ》・藤原広嗣《ひろつぐ》・吉備真備《きびのまきび》そして菅原道真、「八所御霊」のすべては、そのような死にかたをしているのである。

もっとも、このように中央政界において政治的な死を遂げた人々の霊だけが恐れられたわけではない。死者一般に対する恐れは相当に古いものだったし、それは屈葬《くっそう》といって、死体を折り曲げて埋葬し、霊の活動を抑えるという形式をも生んでいた。

ただ、そういう死霊に対する恐れがはっきりしたかたちをとるには、平安京のような都市生活――情報の知識が体系的になってくることが必要であった。死霊の祟りは、それが誰の死霊から発するものであるかということが判明して、よりいっそう効果的になる。そうなってからはじめて霊を鎮める御霊信仰が行なわれうるのだから、情報が分散的であれば、祟られているのはわかっても、誰の怨霊のなす業《わざ》やらさっぱり見当もつかないわけだ。これでは怨霊信仰の起こりようがない。

●怖《こわ》い時、苦しい時の怨霊祀り

九世紀の前半――これが京都における怨霊信仰が弘《ひろ》まった期間だ――都市生活に宿命的な疫病《えきびょう》の流行が京都の人々を悩ませていた。インフルエンザのような病気であったらしいが、レプラ（ハンセン病）の害もひどかった。

どうしてわれわれは、こんなに苦しまねばならないのか――人々が暗黙のうちに一致して指さすのは早良親王以下、追放されて死んだ政治家たちの怨霊であった。

彼らを追放して勝ち残った政治家たちより先に、まず京の市民が騒ぎ出し、のみならず、これは自分たちに祟っているのであるとして、自前《じまえ》で怨霊を慰める行事を始めたということ、ここが大変おもしろいところなのである。

無言のうちに朝廷の責任を追及しているのだ、などと説明するのではあまりにもきれいごとすぎ、かえってまちがっているだろう。宮廷の政争とはまったく無縁のわれわれに祟るとは筋ちがいだ、というようには考えなかったらしいのである。彼らは、他人に怨《うら》まれる覚えなどまったくないと嘯《うそぶ》いてすましている現代人とはちがって、はるかに心優しい倫理に生きていたのだ。

とにかく、京都の御霊信仰がまず市民のあいだに始まったということは、朝廷は庶民と無関係に政治をやっていたという常識に対して、ある修正を迫るものだ。

貞観《じょうがん》五年（八六三年）、それまでは市中の御霊会《ごりょうえ》に対して冷淡であり、流言《りゅうげん》蜚語《ひご》の類《たぐい》だとして取り締まることさえしていた朝廷だったが、この年から朝廷が主催して大規模な御霊会を開催するようになったのである。場所はもちろん神《しん》泉苑《せんえん》だった。左右の近衛《このえ》中将《ちゅうじょう》という高位の武官が運営指揮を命ぜられているから、朝廷としてもかなり本気になっていたのである。

●政治プロの藤原氏、素人《しろうと》の道真に楽勝

ところで問題は、この貞観五年という年だ。「八所御霊」のうち最も新しく、かつ最も荒々しい復讐《ふくしゅう》で祟った菅原道真はまだ死んでいない。血気盛んな十九歳の若者なのである。

この年から、道真が九州大宰府《だざいふ》で死ぬ延喜《えんぎ》三年（九〇三年）までの期間を、藤原氏の政権独占と官営御霊会の過熱化との併行過程として考えると、どうしてもわたしは藤原氏が見事な大芝居を打ったような気がしてならない。もちろん主役を押しつけられたのが道真、御霊信仰がその舞台だ。

道真ただ一人によって知られるといってもいいが、この菅原氏、もとは土師《はじ》氏といい、道真の三代前に願い出て許され、菅原氏と改姓した。貴族としては古く、代々学問をもって仕えてきた功績は大きいけれども、政治的にはこれといった勢力を持たない家である。良房《よしふさ》、基経《もとつね》、時平《ときひら》などの辣腕家《らつわんか》の輩出によって着々と地歩を固めていた藤原氏に対抗させられるのは、はじめから無理な話だった。

しかし、なんとかして藤原氏の進出を食い止めたい宇多《うだ》天皇は、左大臣時平に

対抗しうる右大臣として道真を重用したのである。直前、宇多天皇は譲位して醍《だい》醐《ご》天皇に代わるが、置き土産となった道真・時平連合政権の意味は、藤原氏にとって重いものだった。

岐路《きろ》である。道真を蹴《け》落としてこの連合状態をご破算にしないかぎり、せっかく伸張してきた勢力は足もとから崩れさってしまう。官学アカデミズムのボスである道真は、現状を維持しながら、律令《りつりよう》政治の夢を見ていればいい。だが、新興勢力である藤原氏は、いつも前進していなければ倒れてしまうのである。

醍醐天皇・時平の新政権を倒そうとする道真の計画を知った時平は、時を移さず手を打った。大宰権帥《だざいごんのそち》という一地方官への左遷。そして道真はそのまま死没。

藤原氏の専横に押された不運な道真――のイメージ、その内容といっても真相はたったこれだけなのだ。罰を宣告されたわけではない。左遷にはちがいないが、大宰権帥はやはり高級官僚の地位である。行政手腕に乏しい彼のこと、むしろ能力に余るといったほうがいい。

だがそれにしては、道真の怨霊の荒れ狂いぶりはすさまじかった。それもいままでの怨霊とはかなりちがっている。彼はもっぱら藤原一族と醍醐天皇の関係筋にだけ祟りを集中しているのだ。死後二十年目、皇太子保明《やすあきら》親王が若くして死

御所　清涼殿

に、これが道真の怨霊の所為《せい》といわれた最初である。もっとも、それより早く、まだ時平が生きていたころだが、道真の怨霊は雷となり、御所清涼殿《せいりょうでん》にいる時平を襲ったという話もある。豪気な時平は太刀《たち》を抜いて向かい、私より下位の右大臣であるおまえが、上位の者に祟るとは無礼なり、と怒鳴《どな》りつけると、道真の雷は姿を消した。あとになれば、時平が早く死んで（三十九歳）、その系統が衰えるのも道真の怨霊にやられたのだということになってくるのだが、しかし、この話、上昇期にある貴族は怨霊など恐れなかったという意味にもとれ、道長《みちなが》のあたりから精神的にぐにゃぐにゃになってしまうことくらべてみると興味あるものだ。

皇太孫《こうたいそん》がわずか五歳で死ぬあたりから、道真の怨霊はかなりひどくなるという確信のようなものができ、延長《えんちょう》八年（九三〇年）六月の御所清涼殿落雷事件によって関係者は恐怖のどん底にたたきこまれた。少しも雨が降らないので高官たちが雨を降らせる対策を協議していたところへ、にわかに落雷、数人の者が感電死したのだ。もちろん道真の怨霊の仕業《しわざ》、となる。旱魃《かんばつ》対策会議の最中をねらって襲ったというところが、いかにも念入りだし、また道真の復讐にははっきりと定めた方向のあることを思わせた。

ショックで寝こんだ醍醐天皇は三ヵ月後に亡くなった。復讐は終わったわけだが、天皇まで呪い殺したほどの怨霊がそのまま黙っているとも思われず、なんとかうまい処置をつけねばならなかった。

●雷の霊から学問の神へのイメージ転換

ここに北野神社が登場してくるのである。もともと、この社は農耕の豊かなる実りを祈るものとしてあった。聖牛《せいぎゅう》を供《そな》えて祈り、天神《てんじん》・雷公《らいこう》を祀ってそれが

北野天満宮

降雨を適当にコントロールしてくれるように願った。これが、道真の霊に結びつく以前の北野神社の歴史である。

聖牛もそうだったが、天神・雷公の観念は当時すでに変わりつつあった。慈雨を降らす恵みの面よりも、火災を起こし人を殺す禍《わざわい》が強く意識されるようになっていたのだ。京都の都市化が進んで、農業がしだいに行なわれなくなってきたことも関係していたのである。

北野神社のこうした信仰の変化は、雷となって荒れ狂う菅原道真の怨霊をただちに受け入れたのだ。北野神社が菅原道真を祭神とする北野天満宮となったのは天暦《てんりゃく》元年（九四七年）であった。

　藤原氏の打った大芝居というのはこれから始まる。いうまでもなく藤原氏は、道真の怨霊の祟りをまともに浴びる立場の者として北野神社の運営には援助をおしまなかった。怨霊を鎮めるには、これを避けて通るのは許されないのである。勝ち残った者が敗者の怨霊を慰めるのは原則でもあるが、この原則にきちんと従うことによって、藤原氏の勝利がいつまでも保証されるという逆の効果があることを見逃してはならないだろう。

　しかし、ただ一つだけ困る問題があった。道真の怨霊は必ず雷となって現われることである。夏になれば雷は必ず暴れ、ところえらばず落ちてくるのだから、そのどれもこれも道真の怨霊が藤原氏を呪っているのだというのではたまったものではない。

　道真の怨霊のイメージを徐々に雷から引きはなす必要があった。学問・文筆が、貴族に独占されていた段階から都市市民に普及してゆくのに対応して、道真が文章博士《もんじようはかせ》であったことを大いに強調する策がとられた。これをやったのは藤原氏だったにちがいないが、北野神社としても、道真が災禍の因《もと》であるよりは、学問の上達を助ける福神になったほうがいいに決まっている。

転換は大成功であった。道真は、恐るべき雷から、貴族の教養を保証する学問の神様へと変わり、そのイメージが全国に散布されてゆくのだった。

いまのところ、道真の霊は学問の神様としての第二の人生を歩みつづけており、入学試験のころになると、受験生が合格祈願に押しかけてくる。その道真こそ学問によって政界のエリートになりあがり、そこから蹴ちらされたのだということは、どうでもいいのだろうか。あまり縁起《えんぎ》のいい話ではなかろうと思われるのだが――。

生まれた日、大宰府に流された日、死亡の日、これがみな二十五日だったというので、北野神社の縁日《えんにち》は毎月の二十五日になっている。東寺の「弘法《こうぼう》さん」（二十一日）とともに、京都市民が屋台店をひやかして歩く楽しみの日だ。二十一日に雨が降り、二十五日が晴れると、「今月は天神さんが勝たはった」ということになる。

4

なぜ白河上皇《しらかわじょうこう》は賭博《ギャンブル》を禁止したか

——〝天下三不如意《てんかさんふにょい》〟の謎

＊この章の主な登場人物

白河上皇《しらかわじょうこう》

平清盛《たいらのきよもり》

源義家《みなもとのよしいえ》

平正盛《たいらのまさもり》

●院政《いんせい》は「A」に対する「A´」である

京都のボスとして古い白河上皇《しらかわじょうこう》はギャンブル禁止を決意したが、うまくゆかず、「ギャンブル（賽《さい》の目）・鴨川《かもがわ》・僧兵《そうへい》だけはわが意のごとくならず」という、あの「天下三不如意《てんかさんふにょい》」のことばを残した。

ほかにも難問題はあったにちがいないが、とりわけこの三つがえらばれたのはなぜだろうか。

白河上皇が開始した変則の政治——院政というものの性格から考えてみよう。天皇の権威という、すでに敷かれているレールの、本線ではない引きこみ線の上でがんばってみせるのが院政だ。白河・鳥羽《とば》・後白河《ごしらかわ》の三代院政は院政時代と呼ばれる。

「A」に対して「A´」という存在があるという便利な考えかたは、中学校の二年生ぐらいで教えることになっているのだろうか。いや、もっと早いかもしれない。「A´」は「A」の変形ないしは亜種であるから、つねに「A」があっての

「A´」という順序になる。

だが、この順序は逆転する場合もあるということを教えるのが、朝廷と院との関係だろう。朝廷の実権を、はじめは藤原氏による摂関《せっかん》政治から、あとには源平《げんぺい》の武家政治から、共に守るための院政だったが、後鳥羽《ごとば》上皇が武家政治打倒の反乱に立ちあがって失敗した（「承久《じょうきゅう》の変《へん》」がそれで、その後、後鳥羽上皇は隠岐《おき》に流された）あと、朝廷も院も、要するに〝ダメ〟になってしまった。「A´」がダメになると「A」もダメになる、という逆転である。

●三十三間堂《さんじゅうさんげんどう》に一千一体もの仏像をつくった理由

院政が感覚的にピンとこないのは、現代の京都人も同じこと。「後白河《ごしらかわ》さん」などと気楽な敬称をつけて呼ぶ京都人だが、どうもそのニュアンスは「天皇のお父さん」という感じが強く、院政の意味をよく伝えていないように思う。もっとも、京都人にとっての院政時代は、ちょうどそのあたりがいわゆる市民生活が根づいたときであり、京都庶民史の始まりなのだ。これは院政の性格と無関係ではない。

三十三間堂の1001体の千手観音像

古い東京人だと、よく「震災以来」という表現を使うが、京都人の「後白河さん」にも似かよったところがある。

それともう一つ、これが院政を偲《しの》ばせるものだという極《きわ》めつきの遺蹟が、京都にはほとんど残っていないからでもある。ただ一つ残っているのは蓮華《れんげ》王院《おういん》（三十三間堂）だが、これもまた創建当時のものではなくて、文永《ぶんえい》三年（一二六六年）に再建されたものだ。

だが、それでもいい。三十三間堂のなかの一千一体を数えるという観音像《かんのんぞう》から考えてみよう。

同じようなものを千個も並べてみせるという精神とは、いったいどのように定義づけたらよいだろう。費用のことは別にして――創建当時のものは後白河法皇が平清盛《たいらのきよもり》に造らせた――、なぜ、千という多数でなければならなかったかということだ。

これは、できるだけ単純に考えたほうがよいと思う。

つまりは、ただ「多い」ということに意味があるということ、多ければ多いほどよいという意味での「千」だったのではあるまいか。

なんと子どもじみた発想、と一応は軽蔑してみる。仏像を造り、それを寺に安置して祈るとき、仏像がよくできていたり、数が多ければ祈りの効果が高いといったわけのものでもあるまい。祈る者の心に問題があるので、仏像のなかにはないのだ。仏像など一個でよい、となるのが筋というものだろう。

また、多ければ多いほどよいという考えのなかには、一体の仏像では不足だということが含まれているはずだ。とすれば逆に、その一体の仏像の能力は一人前でない、小数点以下のものでしかないことになり、そんなものを千個も集めてみたって仕方がないことになる。

どうも子どもじみている。そういえば、三十三間という長さにしても、長いほうがいいとばかりにやたらに長くしたのではなかろうか。三十三間の「間」とは、柱のあいだが三十三あるということで、実際には六十六間、メートルではかれば一二〇メートルにもなるのである。

●奇抜な発想が院政の生命だった

ところが、上皇に対するこういう批判は、現代のわれわれだけのものではなく、当時の世論だったらしいのだ。世論といっても、それは上皇の院政によって被害を受ける貴族の不平なのだが、たとえば「自分の意のままに、法によらずに叙位《じょい》・除目《じもく》（大臣以外の官職を任命する行事）をなされる」とか、「いまでは上皇の顔色をうかがわなければ何ごともできない」といった類《たぐい》のものである。

彼らの不平は、自分たちが立脚しているところの、従来の「秩序」や「法の理、あるいは常識」などを上皇がことごとく無視していることを指摘していた。上皇批判の核心は、貴族や寺院・神社の経済基盤である荘園《しょうえん》の権益を、実際に任地におもむいて政務を行なう国守《こくしゅ》（受領《ずりょう》――中級貴族）が横領するようになり、しかもこの傾向を支持することによって上皇の院政が成立しているところにあった。

上層貴族や強大な寺社と院との対立は経済問題だが、争いは「法の理、あるいは常識」を遵奉《じゅんぽう》するのかどうかという姿をとり、それは美意識・価値観の相違にまでふくらんでゆく。

「多ければ多いほどよい」というような、一見突飛《とっぴ》な、理解しがたい考えが仏教信仰のなかにあらわれたのである。

それは当然、「大きい」「高い」ということをも伴う。

いまの岡崎《おかざき》地区は、図書館・美術館・ロームシアター京都・動物園などがある文化地区だが、もともとは白河上皇が院政を開始する直前に造られた法勝寺《ほっしょうじ》の跡《あと》だ。

いまはただ一本の石碑が旧地を示すだけだが、この法勝寺、まことに雄大だった。

南半分に池があり、中の島に立つ塔は八角九重だったといわれ、約五〇メートルの高さだった。

東寺の塔が五六・七メートルだから、ほぼそれと同じ高さの塔が東山をバックにそびえ立っていたのである。

高さもさることながら、八角で九重というところが、いかにも奇抜だ。

前例を破り、常識を無視した奇抜な発想、これが白河上皇の開始した院政というものの生命だといえる。三十三間堂や、いまは消え失せた法勝寺などにみられる「多い・大きい・広い・高い」ということは、そのような院政の発想があらわれたものというより、もっと積極的な意味、たとえば武器として考えられるだろう。つまり貴族たちの保守的な価値観、宗教観を挑発し、惑乱《わくらん》させるものでなければならなかったのである。

だから、次のように断定すればわかりやすい。三十三間堂、その内部に安置された一千一体の仏像は後白河上皇の、そして法勝寺は、白河上皇の〝芸術ゲバルト〟だった、と。

●天下三不如意の退治は白河上皇の〝公約〟だった

院政、とくに白河上皇のそれについては、かなりあやふやな印象を持っている人が多いのではないだろうか。

朝廷の体制がだんだんうまくゆかなくなり、公領を荘園として取りこんだ貴族・寺社を抑えるために、この両者、つまり朝廷と貴族・寺社の競合のバランスの上に立とうとしたのが院政だから、当然それはまともな政治とは正反対の方角に顔を向けていくばかりだった、と。

なにがまともな政治であるか、となると、これは大変むずかしい問題だ。わたしは便宜上、「鴨川の流れ・僧兵・さいころの目――この三つだけが天下でわが意のままにならぬ」といった白河上皇の政治姿勢は、正否は別としてまともなものだったという意味で使っている。

白河上皇の有名な「天下三不如意」の嘆きのことばは、『源平盛衰記《げんぺいせいすいき》』に出てくる。山門《さんもん》（比叡山延暦寺《ひえいざんえんりやくじ》）の僧徒がいろいろの要求を通そうと、日吉《ひよし》神社の神輿《しんよ》（みこし）を振りかざして山を下り、都大路にたびたびデモを展開した。日吉神社に行くと、嗷訴《ごうそ》（強訴）に使ったという神輿がおいてある。ずいぶん大型のものだ。延暦寺ばかりでなく、奈良興福寺《こうふくじ》の僧徒もこの強硬手段に訴えたのである。こっちは春日《かすが》大社の神木《しんぼく》を持ちこんできた。

怨霊《おんりよう》とか方角の吉凶囲などという考えが、すべての人の日常を動かしていた時代だから、神輿・神木を持ちこんでの要求には屈せざるをえない。

上皇自身が、たとえ「なんだ、こんなもの！」と蹴とばせる気力を持っていて

日吉神社(上)，僧兵の強訴に使ったみこし

も、それは周囲の者には通じないのである。

　巨大な荘園領主である延暦寺や興福寺の権益を損《そこ》なうことによって院政は成立しているのだから、僧兵デモの要求の主たるところが、失われた権益の復活であったことはいうまでもない。つまりそれは、院政を開始したことと引きかえのものとして上皇自身が処理しなければならないものだった。

　上皇のゲバルト精神が、「神輿《みこし》など、なんだ」というところまで徹底していれば問題はなかった。

　だが、そこが「A´」の悲しさ、八角九重の塔で頭の古い連中を困惑させることはできても、神秘的な権威という肝心のところは否定していない。

　急進してくる僧兵を追い払うために、白河上皇は武士を歴史の舞台に引きあげた。

　それまではせいぜい下級官僚になれるぐらいが関の山だった武士だが、白河上皇はこの武士を院に直属させるという画期的なことをした。承徳《じょうとく》二年（一〇九八年）、源氏《げんじ》の義家《よしいえ》の昇殿《しょうでん》を許可したのを手はじめに、平正盛《まさもり》が院に所領を寄進したいといってきたのを許している。

　正盛のあとを継《つ》ぐ忠盛《ただもり》には愛妾を与え貴族を呆《あき》れさせた。

結局、白河上皇にできたのは源平二氏の登用だけである。

武士は期待に応《こた》えてくれたけれども、次には院政を潰《つぶ》し、自分で勝手に引きこみ線の延長工事を始め、その権利をうばい合う源平二氏の争いが政治の本舞台に登る。これが武家政治だ。

「天下三不如意」のうち、僧兵の狂暴なデモだけは白河上皇が自分で責任を負わねばならない問題だった。

しかし、他の二つのことはちがう。つまり「鴨川の流れ・さいころの目」は院政固有の問題ではない。前者は京都が湖底に造られた都であることに、後者は人間の賭博《とばく》本能、いいかえれば人間の社会性に根ざしている。

そこでしばしば、この二つの「不如意」なるものは、僧兵の狂暴さと、それに対する上皇の嘆きとをより鮮明にするために引き合いに出されたのだ、という印象を与えやすい。

だが、実はそうではない。これをうまくやっていれば、僧兵のことなどてんで問題にはならなくなってしまう。それほど重大な実際問題だったのである。

京都盆地は降雨量が多いところへ、平安京造営のとき、元来はいまの堀川《ほりかわ》の筋を流れていた鴨川を東に移し、八瀬《やせ》・大原から流れこんでくる高野川《たかのがわ》との合流点を、ぐっと上流につくったのだ。平安京の区域を別々に流れ抜けるはずだった二本の川を一本にし、しかもその合流点が上流につくられたのだから、単純計算をしても、京都が洪水に見まわれる危険は二倍になった。

ちょっと雨がつづけば、たちまち大洪水となり、とくに、もともと鴨川の流域であった西京《にしのきょう》あたりは一面の水びたしになる。急造の人工川が嫌われたわけだった。

水が引いたあとには、悪疫《あくえき》の流行・病死、そしてまた怨霊《おんりょう》の恐ろしさが前にもましていわれる。

防鴨河使《ぼうかし》などという役職が新しく置かれて堤防《ていぼう》の補修に当たるが、効果はなかなか上がらない。白河上皇の法勝寺や、それを中心にしてできあがった院の政庁（白河院）の建築のために周囲の山林がおびただしく伐採《ばっさい》されたことも、洪水の被害に拍車をかけたのである。

もう一つ、さいころの目が意の通りにならないということだが、さいころを使う双六《すごろく》そのものは新しいとして、賭博一般となれば、京都の歴史の古さなどとは比較にならない。

大正時代のアナーキスト大杉栄《おおすぎさかえ》などは「賭博本能論」と題する文章で、漂流して島に泳ぎついた二人の男のあいだに最初に行なわれる文化は賭博だ、とまで書いている。

都を京都に誘致《ゆうち》した秦《はた》氏の人々だって、「藤原種継《たねつぐ》暗殺（34ページ）の犯人は検挙されるか、迷宮入りか」とやっていたにちがいないのである。

だいたい、朝廷とか政府とかをつくって運営してゆくこと自体がすこぶる賭博性に富むものであり、自分のほうはなんとか格好がつくと他人にはこれを禁ずるというのでは、博打《ばくち》でいう「勝ち逃げ」に似ており、賽の目の勝負以上にむずかしい呼吸を必要とするのである。

都の住人たちといえども、この本能から逃《のが》れられるはずはなかったし、それ以上に、都市生活のスタイルが賭博にははなはだ適している。

西市《にしいち》は水びたしでさびれたが、栄えた東市《ひがしいち》などでは、連日盛んな双六勝負が行なわれていたろう。これに熱中する市民は、当然のことながら、おとなしい市民とはならなかった。犯罪の温床としては最大のものだったというべきだろう。

うちつづく洪水と悪疫によって病《や》み疲れた市民は、賭博に活路を求め、それがまた京都の荒廃を早めた。検非違使《けびいし》（現在の警視総監）は数えきれぬ禁令を布告するが、それはかえって賭博の魅力を強める逆効果にしかならなかったのであ

三不如意の一つは鴨川の流れ

る。

治水と治安——この二大問題に対して効果的な策が打てれば、それはもう為政者としては合格である。

院政という変態政体にふみきった白河上皇としては、あえてこれを解決する姿勢を示さなければならなかったのだ。

「朝廷の体制でも、また荘園領主の筆頭——摂関《せっかん》家と寺社——でも解決できないのではないか、わが院政でなければできないんだぞ」ということを示さなければ、院政そのものの意味を天下に認めさせられなかったのだ。

「天下に三不如意あり」とは、上皇の嘆きであるよりは、むしろ、これを解決してやるぞという公約のようなものだったと思う。

公約が果たされたわけではなかったが、院はそのような政策を約束してくれたのだという受けとめかたが、「白河さん」「後白河さん」の表現の底に流れている。

5

なぜ『平家物語《へいけものがたり》』は清盛《きよもり》ご落胤《らくいん》を説くか

——平氏《へいし》の急速な権勢拡張の謎

*この章の主な登場人物

平清盛《たいらのきよもり》
平忠盛《たいらのただもり》
白河上皇《しらかわじょうこう》
祇園女御《ぎおんにょご》
後白河法皇《ごしらかわほうおう》

●清盛《きよもり》ははたして白河上皇《しらかわじようこう》のご落胤《らくいん》か

平《たいらの》清盛が白河上皇の落胤《らくいん》であったとする説は、『平家物語《へいけものがたり》』によって親しみぶかい。

琵琶法師《びわほうし》の語る「平曲《へいきよく》」が聴かれなくなると、以後は書物だけが平氏の興亡を語ることになるわけであるが、清盛の人物像を今日の日本人に伝えたのは、書かれた『平家物語』であるよりも、むしろ謡曲のもろもろの篇や『太平記《たいへいき》』だったろうと思う。

その伝承のなかでは、平清盛――白河上皇落胤説がどういうことになっているか、こまかく調べてみるとおもしろいと思うが――。

だいたいの推測はつく。清盛というのは大変な悪人にされていたのである。明治以後は特にそうだったろう。義経《よしつね》と大石良雄《おおいしよしお》をよくいわないことにはどうにもならない大衆文化の状況では、清盛と吉良上野介《きらこうずけのすけ》は悪役になるしか仕方がなかったのである。

義経の不幸な死に対して責任のあるのはもちろん頼朝《よりとも》であり、いちばん先に死んでしまった清盛の関知するところではないにもかかわらず、頼朝のことがあまり多く記録に残っていないところから、清盛は頼朝の責任まで背負わされているかのようだ。

後白河法皇《ごしらかわほうおう》を幽閉《ゆうへい》したり、一族あげて政権を壟断《ろうだん》しただけでも許せないところへ、清盛が白河上皇の落胤だということがはっきりわかったら、もっとひどいことになっていたろう。「あんなに悪い奴だったけれど、天皇の落胤なら許そうじゃないか」というふうには決してならないのである。だから、この説を信じてはならぬという心がまえのようなものも、もう一本の別の系譜をつくっていると思われる。

頼山陽《らいさんよう》の『日本外史《にほんがいし》』ではそれがうまく工夫してあり、上皇が寵愛《ちょうあい》して通《かよ》っていた女性（左兵衛佐局《さひょうえのすけのつぼね》）が平忠盛《ただもり》と情を交《か》わして懐妊。これを知った上皇が「生まれた子が女ならば朕《ちん》に、男ならば汝《なんじ》に」という条件つきでこの女性を忠盛に下賜《かし》したことになっている。

『日本外史』のテーマは幕末を経て近代にまで持ち越されており、清盛の落胤説をまともに研究することは行なわれなかったようだ。『平家物語』は史実そのままでないということがやかましくいわれる雰囲気では、落胤説など、ただのフィクションにすぎぬと、まるで相手にされなかったようだ。

フィクションならフィクションとして、『平家物語』がなぜそのような構想をとったのか、ということがもっと考えられねばならないだろう。

落胤説そのものの真否よりは、むしろこのほうがずっと大きな謎をはらんでいる。

●殿中で斜視《しゃし》をからかわれた忠盛の無念

六波羅《ろくはら》という地名は、歴史の上ではひじょうに有名である。にもかかわらず、いまの京都ではちょっとした〝町の孤島〟の感じだ。西に鴨川《かもがわ》と京阪《けいはん》電車、東に東大路通りが走り、これに挟まれているせいでもある。また、ここは市内随一の歓楽街でもあり、ここに心惹《ひ》かれてもそれをあまり口にしていわない良識がはびこってきているから、六波羅一帯はますます孤島扱いになってゆきそうな気配《けはい》である。

ここはもともと、盂蘭盆会《うらぼんえ》の精霊《しょうりょう》むかえで名高い六道珍皇寺《ろくどうちんこうじ》の土地であり、さらに念仏を弘《ひろ》めた空也《くうや》上人《しょうにん》の六波羅蜜寺《ろくはらみつじ》が造られた土地である。ともに庶民の信仰の対象となる寺だから、場所がそのものも庶民的であった。

このような場所が平氏政権の根拠点に選ばれた理由はよくわからない。平氏の政権は院政あってのものだから、内裏《だいり》よりは後白河法皇の法住寺殿《ほうじゅうじどの》（現、三十三間堂《さんじゅうさんげんどう》のあたり）に近いという地の利が買われたのかもしれない。

最盛期には五千棟を超える平氏一族の建物が造られたといわれるほどの六波羅だが、いまはその一つも残っていない。

いや、ただ一つ、清盛の像だといわれる木像が六波羅蜜寺に残っている。

頭を丸めた法体《ほったい》の男が、経巻《きょうかん》（お経の巻物）のようなものを両手に、しかし、ずっと右側に片寄せて持っている像である。

いや、手に持ったばかりというのではなく、目を凝《こ》らして読みいっているポーズだ。

となると、この人物は斜視《しゃし》であろうか。

清盛が眇《すがめ》（片目が悪いこと、あるいは斜視）であったという話は聞いたことがない。眇で有名なのは、父の忠盛のほうだった。

忠盛の屈辱を物語るエピソードがある。『平家物語』の巻頭「祇園精舎《ぎおんしょうじゃ》」の次

六波羅蜜寺の平清盛坐像

節「殿上闇討《でんじようのやみうち》」に出てくる話だ。

白河上皇の寵愛深く、ついに鳥羽《とば》上皇の代になって内裏昇殿《しようでん》を許された忠盛だが、武士などという下等な人間が昇殿するという出来事に憤慨《ふんがい》した公家《くげ》たちが忠盛暗殺をはかる。

暗殺計画を知った忠盛は、わざと大剣を持って昇殿、武装した家来も引きつれた。

恐れた公家どもは暗殺を見合わせるのだが、その口惜しさを宴席でぶつけてきた。歌に合わせ、「伊勢へいしはすがめ」と即席の替え歌でからかったのである。忠盛の関係の深い伊勢の国でできる瓶子《へいし》はあまり上等の器《うつわ》ではなく、もっぱら酢甕《すがめ》に使われていた。これを忠盛の眇にひっかけたわけである。

忠盛もこれにはたまらず、宴の中途で逃げ出してしまうのだが、これはまずかった。上皇臨席の宴で馬鹿にされ、持っていった大剣を抜きもせず——実はこれが木剣に銀紙を張ったもの——耐えきれなくて逃げるというところに、平氏が貴族化の途《みち》を進んでついに亡《ほろ》びてしまう兆候《ちようこう》が感じられるからだ。

六波羅蜜寺の清盛像を見ていると——以下しばらくは気楽に読んでいただきたい——清盛ご落胤説がぐらついてくるような気にもなってくる。「目もとのあたりの、その、ちょっとおかしいところなんか、まるでお父さまにそっくり！」という褒《ほ》めことばを待っているかのような清盛像なのである。

もっとも、この木像が誰をモデルにしたものか、ながいあいだわからず、やっと清盛であるということになったが、それも戦後になってからのことだったと思う。

だから、これが実は忠盛だということもありうるわけであって、清盛落胤説を引っこませる決め手にはならないだろう。

●雨の夜、祇園《ぎおん》の社《やしろ》に映《うつ》った影

清盛を懐妊している女性が白河上皇から平忠盛に下賜されたきっかけは、祇園《ぎおん》の社（八坂《やさか》神社）が舞台となっている。

祇園社の近くに一人の女性が住んでいた。のちに祇園女御《ぎおんのにょうご》と呼ばれるが、この彼女のもとへ白河上皇が忍んで通っていた。

ある雨の夜、祇園の境内を通りぬけていると、怪しい光を発しているものがある。鬼かと驚いた上皇が供《とも》の忠盛に命じて討ち果たそうとしたが、沈着な忠盛は、それが社の灯籠《とうろう》に点火して歩いていた御堂《みどう》の法師であることを見ぬいたのである。被《かぶ》っていた麦わらの笠に雨滴《うてき》がつき、点火用の種火《たねび》に映《は》えて青白く光っていたのである。

危ういところで無益な殺生《せっしょう》をせずにすんだ上皇は、忠盛の沈着に対する褒美《ほうび》として、その寵愛する祇園の女性を下賜したというのだ。

そのとき彼女は妊娠していたので、「生まれる子が女ならば朕が子に、男ならお前の子として育てよ」といい渡した。男児より女児のほうを取るのは理解しにくいところかもしれないが、天皇をとりまく貴族の社会では、男が喜ばれるのはただ天皇の子として生まれた場合だけであり、それ以外、たいして祝福されないのである。女の子なら天皇のお側《そば》に差し出し、その産んだ子が天皇になれば自分は天皇の外祖父《がいそふ》になれるから。

祇園社本殿のすぐ南東に、「忠盛灯籠《どうろう》」と呼ばれる一基の灯籠がある。あの雨の夜、法師はちょうどこの灯籠に点火しようとして種火を顔のところに持ちあげ、それが雨にぬれた老人の顔を照らして上皇を驚かせた恐ろしい形相《ぎょうそう》になったのである。

キャーッというほど恐ろしい芝居の筋を書いておき、自分では何知らぬ顔で見

祇園社の平忠盛灯籠

事に処理して女性を射止める話はよく聞くが、まさか忠盛がこれをやったとは思われない。いやいや、彼がはじめて武勇を輝かせたのは海賊退治だが、都へ捕まえてきたという七十人の海賊の正体は部下なのだという話もあるくらいだ。つまり、さくらを捕虜《ほりよ》に仕立てたわけである。忠盛という男、なかなか油断できない。

それはともかく、生まれたのが男だったのは幸運だった。これが女だったらさっさと取りあげられ、やがて天皇を産んだろう。

祇園女御と呼ばれる女性は実在の人物である。正式に「女御」（公認された天皇の愛妾）となったことはないらしいが、白河上皇の寵愛を受け、白河殿《しらかわどの》とも呼ばれた。

しかし彼女は、忠盛に下賜されたということもなく、また子どもを産んだこともない。では、清盛を産んだ女性は誰か?

いくつかの説はあるが、いちばん有力なのは、祇園女御の妹だという説だ。姉と同じく上皇の寵を受けたこの女性は清盛を産んで三年後に亡くなったため、祇園女御がこれを引き取って養育したというのである。

いまではこれが定説のようになっているといってよい。祇園社の境内をくぐり、円山《まるやま》公園の中央から右手(南)に下がると、音楽堂入口の反対側に「祇園女御塚」がある。女御とその妹の住居がこのあたりだったというので創建されたものであろうが、ここは清盛という豪気な生命が歩《あゆ》みはじめた地でもあるわけだ。

●落胤説強調のために入れられた〝慈心坊《じしんぼう》説〟

おもしろいのは、『平家物語』が伝える清盛出生の説にはもう一つあるのに、こちらのほうはほとんど問題になっていないことだ。「祇園女御」の前に「慈心坊」の節があり、清盛が慈慧僧正《じけいそうじょう》の生まれ変わりだという説を伝えている。

祇園女御塚　平清盛の母は誰？

もとより、まったくの作り話であって、ことの実否を問うというべきものではないが、わずか十二歳で兵衛佐《ひょうえのすけ》になり、十八歳で四位に叙《じょ》されるという、武士としてはまったく異例の出世をめぐり、清盛の身辺に神秘的な権威をつける必要があったわけだ。異常な急出世は人々を驚かせ、「そのようなことは貴族の者でなければ許されぬはずだ」といぶかる声もあったが、鳥羽天皇は「彼が貴族の血を引いている点では他人に劣るものではない」と諭《さと》したという。

白河上皇落胤説と慈慧僧正の生まれ変わり説とを併《あわ》せて記録したのでは、二説互いに否定してしまうではないかという考え方もあろうが、それはちがう。異常な人物が過去の実在の人物の生まれ変わりだ、という種類の話は、その人間がまことに類稀《たぐいまれ》なる存在であることを強調し、自分でもそのように信じたいためのものだ。

白河上皇落胤説を単独で書いたのでは、かえって信用させにくい。そこへ、慈慧僧正の生まれ変わりというような話をわざと付け合わせることにより、落胤説を浮かびあがらせているように思われるのである。

清盛自身は、自分が天皇の落胤であると知っていたのかどうか、これを決める史料は出てこないだろう。しかし、祇園女御に養育されていたという環境を考えれば、彼は知っていたのだと推定するほうが無理はない。

そして、これが清盛の弱点になったはずだ。清和源氏《せいわげんじ》といい桓武平氏《かんむへいし》といい、これは、天皇の血筋に遠くつながっていることが彼らの誇りであったのを示している（110ページ）。

だが、それが単に誇りという意識の段階に止《とど》まっているうちはよかった。皇胤《こういん》であることを知ったとき、清盛は自分がたちまち矛盾した存在になったのを悟らねばならなかったはずである。

●川を上りつめた鮭《さけ》の運命

政権を一門によって独占した彼のやりかたは、たしかに藤原氏のやった方法と同じだった。義妹の滋子《しげこ》を後白河法皇の后《きさき》とし、滋子の産んだ高倉《たかくら》天皇には娘の徳子《とくこ》を入れ、安徳《あんとく》天皇が生まれたことによってついに彼は天皇の外祖父になった（8章参照）。

だが、これはただ藤原氏の先例があったためだというような説明では、説明しきれないところがあるように思えてならない。

法皇の側から、誘い水のようなものが清盛の身辺に流されたのではないかと思うのだ。これは一種の心理作戦であったわけだが、清盛のほうに、自分は皇胤だという意識があるのを知っていて、これをうまく刺激した作戦だといえる。

その作戦は、忠盛が公家たちにからかわれて宴席を逃げ出した故事にヒントを得たものだったのではないだろうか。

例の太刀が木剣だったという話には後日譚《ごじつたん》があって、はじめ忠盛は、太刀を持って昇殿するとは何事かという非難を浴び、取り調べられた。そこで彼は太刀を引き寄せ、中身はこのとおり木剣でございますと陳述する。

慎重な配慮が認められ、忠盛の評価がまた高まる。

しかし、この話をよく考えてみると、忠盛が武士としての姿勢を崩さずに公家と対立していることがわかる。

後白河法皇にとって、これははなはだ危険に思えた。

平氏が武士の姿勢を崩さずに公家を押しまくるのは結構だが、放っておくと、そのままの姿勢を院のほうにも向けてくることが十分に予想されるのである。

そこで、武士を貴族化させてしまおうという、壮大かつ陰湿なプランがつくられた。藤原氏につけこまれた婚姻政策を、こんどは院のほうで逆手に使い、これで平氏の行動にブレーキをかけてしまうわけだ。そして、これは成功した。

そうしてみると、清盛落胤説は、白河上皇から後白河法皇の時期にかけて進められた平氏融和策の核として使われ、そのミニチュア（小型）版でもあったということになろう。

落胤説をめぐる論争はこれからも絶えないと思うが、なにもわれわれはこれにこだわる必要はないのである。鮭が生まれた川に溯《さかのぼ》るのと同じように、皇族につながるという遠い記憶をたどって、平氏も京都へ戻ってきた。ようやく清盛という卵を産み育てたが、そこで力つきたのだ。

落胤説の真否はどうなろうと、この事実は変わらない。京都は、来る者を拒《こば》みはしないのである。ただ、もとの元気な姿で帰ってゆくのを保証しないことは確かだ。

平氏・源氏の系統略図

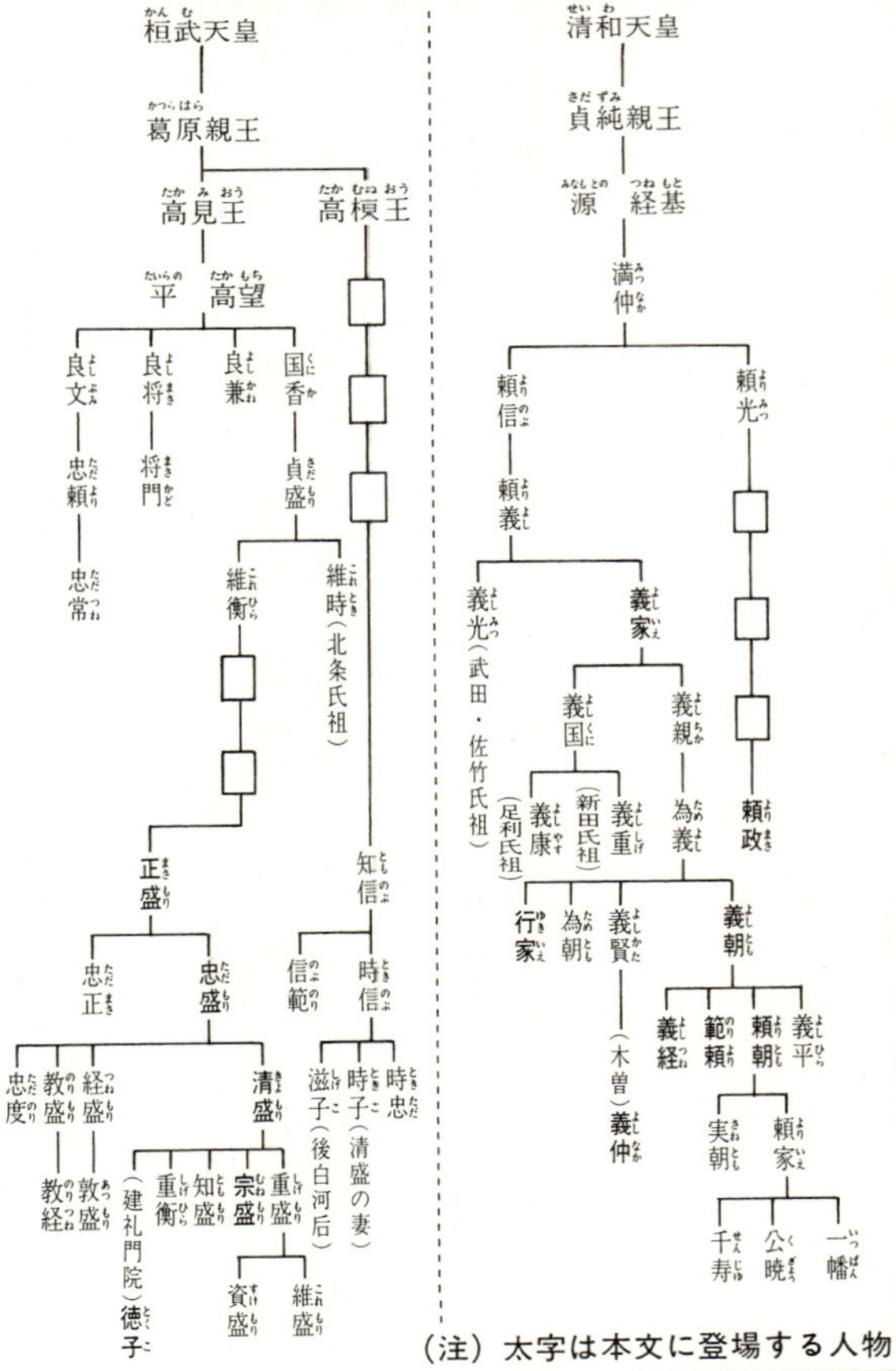

（注）太字は本文に登場する人物

6

なぜ鞍馬山《くらまやま》は天狗《てんぐ》の巣になったか

――義経《よしつね》（牛若丸《うしわかまる》）出現と消失の謎

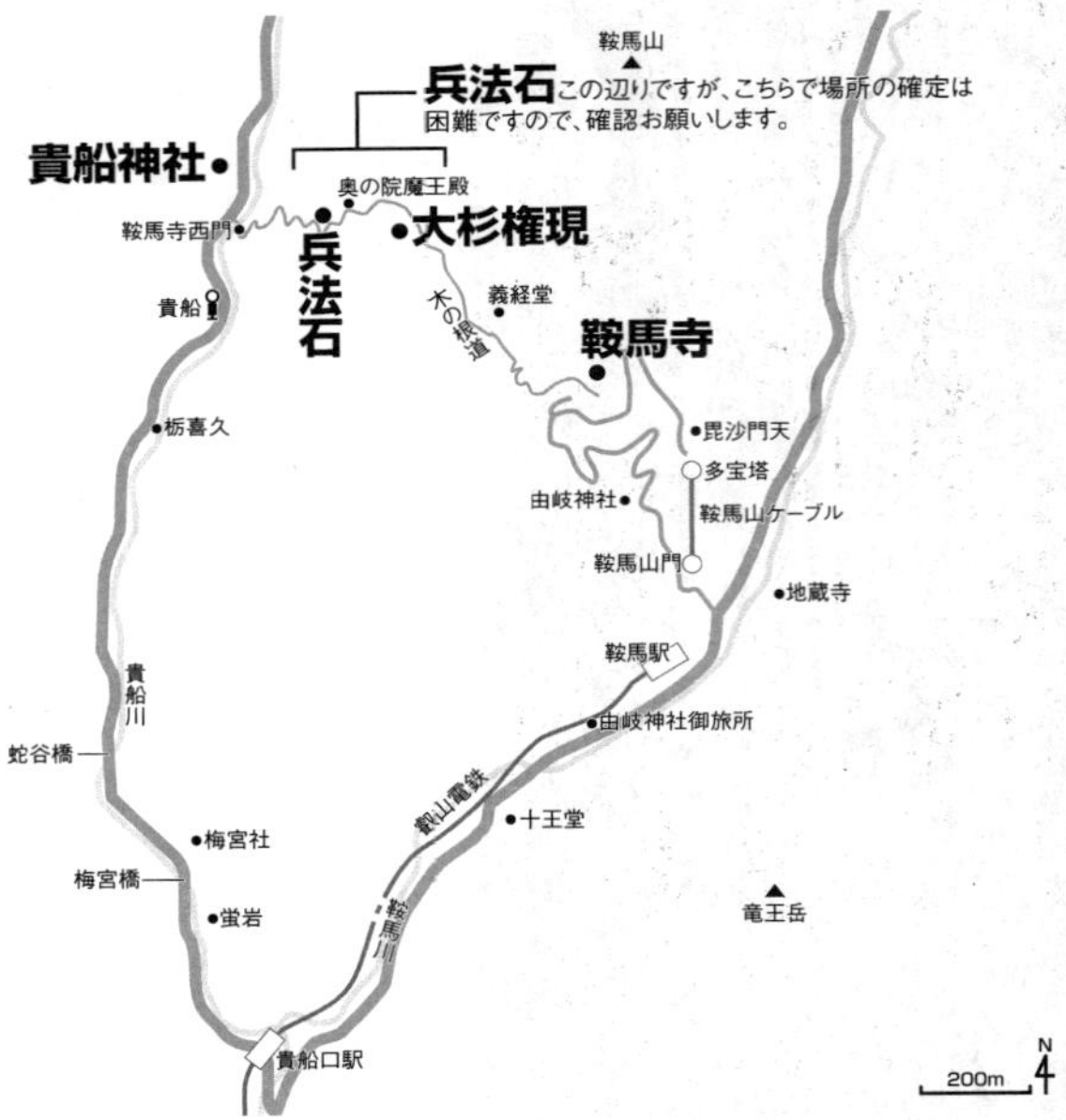

＊この章の主な登場人物

源義経《みなもとのよしつね》
鞍馬天狗《くらまてんぐ》
明救僧正《みょうぐそうじょう》
武蔵坊弁慶《むさしぼうべんけい》
織田信長《おだのぶなが》

●鞍馬天狗《くらまてんぐ》は〝悪の巣〟に生まれた

鞍馬天狗といえば、大佛次郎《おさらぎじろう》の小説『鞍馬天狗』に出てくるあの正義の剣士を思い出すだろう。

超人的な能力を持ったものが悪役をやっつけて世の黎明《れいめい》を開いてゆくというパターンは、「黄金バット」や「ウルトラマン」を経て、「北斗《ほくと》の拳《けん》」につながっている。

主人公の鞍馬天狗（倉田典膳《くらたてんぜん》）は、文字どおり神出鬼没《しんしゅつきぼつ》であった。実在の人物が出てくるドラマのなかに登場するのだから、物理的に納得できる範囲をこえて行動しているわけではないのだけれども、桂小五郎《かつらこごろう》や西郷隆盛《さいごうたかもり》などがその限界に突きあたって苦境に陥《おちい》ると、彼は必ず現われてくるのである。

彼の超人的な活躍と、正義の味方であるという性格とは、鞍馬の山を連想することによってすらすらと納得されるものであった。

だが、実際の鞍馬山の天狗は、「正」よりも「悪」ないし「災禍《さいか》」をもたらすものとして恐れられていたのである。

天狗は、もともと正も悪もない、いわば中性的なものだった。にもかかわらず、それが鞍馬に棲《す》みついているかぎり、京都に災禍をもたらすものとして恐れられ嫌われることになっていた。

恐ろしい天狗から、〝正義の味方鞍馬天狗〟への転換を逆にたどってゆくと、京都にとって鞍馬がどのような意味を持っていたかという問題にゆきあたるのだ。

●鞍馬から貴船への道を牛若丸も通った

鞍馬の山は、それほど高くない。標高は五七〇メートルだから、八四八メートルの比叡山《ひえいざん》よりはよほど低い。ただし、鞍馬は谷間が深く険《けわ》しく、いかにも天狗が棲むにはふさわしいところである。そしてそこは戦闘の天才を二名育成した、ということになる。それが牛若丸《うしわかまる》（源《みなもとの》　義経《よしつね》）と大佛次郎『鞍馬天狗』の主人公である。

新選組《しんせんぐみ》を相手に戦った鞍馬天狗のほうはニックネームであるということははっきりしているが、それでも、天狗自身がいったいどこの藩士で何をしていた人物

鞍馬寺の火祭

やら、わからない。

　架空の反権力的人物が設定され、それがニックネームを持つというのを外国の場合に探せば、あの「紅《べに》はこべ」がたちまち思い出される。

「紅はこべ」ということばに何か意味があるのかどうか、よく知らないけれども、いまはただ「鞍馬天狗」と比較してみて、それが首都の城域外の一定の場所や地名でないことさえわかればいいのである。

「紅はこべ」が夜な夜な出没して「悪いやつ」をやっつける都市は、周囲をすべて城壁で囲んであった。だから彼は、方角にこだわる必要はなく、入りやすいところから好きなように現われればよかった。忽然《こつぜん》と現われる、つまり、どこから現われるのかまったくわからないというところが、かえって「紅はこべ」の恐怖をいっそう盛りあげている。

これに対して、「鞍馬天狗」は——牛若丸も同じこと——どうしても鞍馬の山から現われねばならなかったのである。

京都市内から行くと、まず鞍馬寺の山門に着き、昔はあえぎながら登った急坂を、いまはケーブルカーで一気に多宝塔《たほうとう》まで上がってしまう。

国宝の多い鞍馬寺そのものは、どうでもいいというか、これが東山《ひがしやま》の清水寺《きよみずでら》とともに、京都人が福徳を願って厚い信仰をささげたところだ、ということさえ知っておけばいい。

問題は、鞍馬寺本堂の西北に始まる山道だ。これは僧正谷《そうじょうがたに》をこえて貴船《きふね》神社に至るのだが、牛若丸がここを毎晩のように通い、鞍馬の大天狗僧正坊《そうじょうぼう》から武芸修練を受けた道なのである。

松の大木が天をさえぎり、なかでも巨大な幹の根元だけを祀《まつ》っている大杉権現《おおすぎごんげん》は、大天狗がこれを伝わって地面に降りてきて、牛若丸に武芸を教えたのだという話になっている。ほかにも、牛若丸背比べ石、義経息つぎの水、あるいは兵法石《ひょうほういし》など、鞍馬から貴船への道は天狗と牛若丸の話でいっぱいだ。

福徳を授《さず》ける霊験《れいげん》あらたかな鞍馬寺が前面にあり、その背後に広がる深山幽谷《しんざんゆうこく》が恐ろしい天狗の棲む魔の山だったというコントラスト。

　これが鞍馬寺の霊験をひときわ浮かびあがらせることになるが、その奥の谷間がしばしば京都に溢《あふ》れて災害を起こす鴨川《かもがわ》の源《みなもと》だということが、鞍馬の天狗が最も恐れられた理由だ。

●天台座主《てんだいざす》・明救《みょうぐ》僧正《そうじょう》は天狗だった

　天狗は日本に生まれたものではなく、元来は天竺《てんじく》（インド）のもので、中国を経て日本にやってきた。つまり天狗は、仏教伝来のコースを、やや遅れてやってきたわけである。

『今昔《こんじゃく》物語』の一節によると、天竺から日本にやってきた天狗が比叡山に棲むようになったのは次のような事情だ。

　天竺から震旦《しんたん》（中国）に流れる水が「諸行無常《しょぎょうむじょう》、是生滅法《ぜしょうめっぽう》、生滅滅已《しょうめつめつい》、寂《じゃく》滅為楽《めついらく》」と涅槃経《ねはんきょう》の文句を唱えていた。水の流れまでがお経を読むようでは天狗の責任問題であると痛感した彼（天狗）は——天狗は仏法妨害を使命とする機能的存在だ――流れの源を探し、ひねりつぶそうとして比叡山中の小川まで、はるばる辿《たど》りついた。いよいよ来たぞ、と知った彼は、こんな小さな川がお経を読むのはなぜですか、と一人の小僧に尋ねる。

小僧の説明するには、この川の上流には偉いお坊さまがたの厠《かわや》、つまり水洗便所があります。お坊さまがたはいつも読経《どきよう》されていますから、それでこの小川もお経を読むのです。

とても敵《かな》わない、と悟った天狗はいったん姿を消し、僧に変身して現われ、一生懸命に修行して立派な僧正になった。第二十五世天台座主の明救僧正がそれだ、と。

つまり、変身の仕方によっては立派な人間になる天狗もあったわけである。

しかし、天狗の棲み方《かた》は、その場所において仏法がどのように栄えていたか、あるいは衰えているかによって決まるようである。比叡山の場合は、天狗の妨害を断念させるほどに仏法が栄えていたケースだ。

鞍馬の場合、それは逆になっている。

鞍馬の山奥が天狗の集団居住地になった経過を、『義経記《ぎけいき》』は、はっきりと次のように述べている。

すなわち、昔から僧正谷には貴船の明神《みょうじん》（貴船神社）があり、多くの人々の崇敬《すうけい》を集めて賑《にぎわ》っていた。しかし世も末となり、仏の方便《ほうべん》も神の験徳《けんとく》も衰え、住む人もなくなって、天狗だけが棲むようになってしまったのだ、と。

もちろん『義経記』は、主人公牛若丸をどうしても鞍馬の山中から出現させなければならない使命を持つから、それだけになおいっそう鞍馬が恐るべき天狗の住居となった理由を合理的に説明するのである。

貴船は水の神、すなわち貴船川（鴨川の支流）の水をコントロールする権能を持つゆえに、古くから京都人の畏敬《いけい》の対象となっていた。

だが、それがいつしか崇敬されなくなって効験《こうけん》が衰えたというのである。ほんとうに、たとえば統計的に、京都人の貴船明神に対する崇敬が行なわれないようになったのかどうか、それを詮索《せんさく》する必要はない。鴨川はしばしば洪水を起こし、京都人に悪疫を撒《ま》きちらして多くの死者を出した事実で証拠は十分なのだ。

鞍馬の魔の世界は、京都人の精神にぽっかりと開いた大きな空洞となり、それを埋め合わせるようなかたちで棲みついたのが鞍馬の天狗だった。

こうして彼ら天狗は、京都人の痛いところを、内側からちくりちくりと突き刺すのだ。

もちろん京都人のほうでも、ただ手を拱《こまね》いているばかりでいるはずはなく、手を変え品を変え、天狗を、その本来棲むべき場所に閉じこめようとした。

方法はいろいろあるが、つまるところは、天狗が本来の住居を出て町や村にやってくるときは、必ず人間に禍《わざわい》を起こすものだというキャンペーンを張りめぐらすのである。そのためには、天狗出現による被害者が高貴の人々であればいっそう効果があり、藤原良房《ふじわらのよしふさ》の娘で、文徳《もんとく》天皇に入内《じゆだい》して清和《せいわ》天皇を産んだ染殿《そめどの》の后《きさき》（明子《あきらけいこ》）が衆人環視のなかで天狗と抱き合う話までこしらえてしまう。后のほうでも天狗のことを気に入って、天皇はなさけない寝取られ男になってしまった、と『今昔物語』にはある。

もちろん、明子は天狗にたぶらかされて、精神に異常を来《きた》していたのだという伏線はあり、『今昔物語』の作者も「――というはなしでございます」といった調子の逃げを打っているから、直接の関係者に当たりさわりはないようになっていて、それだけに天狗への恐れと憎しみは増すのである。

●比叡と鞍馬は大天狗のすみかだった

こうして鞍馬は、京都人が天狗への恐れと憎しみをぶっつける対象になってゆく。

ファシズム期のドイツ人がユダヤ民族の人類学的特性の究明に没頭したのと同じく、天狗の生物的特性、天狗社会の内部の仕組みや背後関係について、あることないこと、いろいろな研究が進み、大天狗、小天狗、烏《からす》天狗、木《こ》の葉《は》天狗の階層があることや、大天狗は修験道《しゅげんどう》の霊場、つまり鞍馬・比叡・愛宕《あたご》・飯綱《いづな》・白峯《しらみね》・大峯《おおみね》・大山《だいせん》・彦山《ひこさん》の坊だけだというようなことがわかってゆく。

ここまで明らかになってくると、二十五世天台座主の明救僧正の前身が震旦からやってきた天狗だったという話も、その意味の受けとりかたががらりと一転してこないわけにはいかない。比叡の僧侶は、天狗でさえも降参するほどの高徳者である、と強調するのではなく、彼ら僧侶は天狗だったのだと、その前身を暴露《ばくろ》し、彼らの悪行はそのためだというように合理的な説明をつけるのだ。強調するところがこのように転移するのは、比叡山衆僧《しゅうそう》の悪行――神輿《みこし》を振りかざして都大路にデモをかけることや、木曽義仲《きそよしなか》の京都進攻に手を貸したことなど――が京都人にひじょうに憎まれていたからにほかならないのであった。

ただし、同じ大天狗の本拠地とはいっても、比叡と鞍馬のあいだには大きなちがいがあるということは、はっきりしていたらしい。簡単にいってしまうと、鞍馬のほうには本物の天狗が棲んでいるのだが、比叡はむしろニックネーム、あるいは比喩《ひゆ》としての天狗である、ということだ。永仁《えいにん》四年（一二九六年）の制作と推定される絵巻物『天狗草紙《てんぐぞうし》』は、諸寺院勢力の堕落驕慢《だらくきようまん》なことを天狗の所業《しよぎよう》になぞらえて非難し、七種の天狗を数えている。それは興福《こうふく》・東大《とうだい》・延暦《えんりやく》・園城《おんじよう》・東寺《とうじ》の五寺と、山臥《やまぶし》（伏）・遁世《とんせい》の二種なのだが、山臥をわざわざ天狗のなかに数えてみても仕方はない。それはもともと天狗として想像されていたのであり、はじめは姿かたちの定まらなかった天狗に、いまわれわれが天狗といえばたちまち頭に浮かべるイメージを与えたのも、この山臥がモデルになってのことだった。

●義経は野望の小天狗たちに囲まれていた

義経の伝説は、彼が蒙古《もうこ》に渡ってジンギスカンになったのだというところまでふくれてゆくのだから、ゆかりの史蹟の多いことでは日本第一であろう。京都では、鞍馬山中のほかに、北区の紫竹《しちく》に牛若丸誕生の井戸や胞衣《えな》塚（胎児を包んでいた胎盤などを埋めた塚）があり、智恵光院今出川《ちえこういんいまでがわ》には金売吉次《かねうりきちじ》の屋敷跡といわれる首途八幡《かどではちまん》がある。義経はここから奥州への旅に出発したというのだ。首途八幡を出て蹴上《けあげ》に来たとき、供《とも》の武者の馬が泥水をはねあげ、それが義経にかかったので、怒った彼は九人の武者を殺したという話がある。蹴上の地名の由来だが、ここには義経大日如来《だいにちにょらい》という像がお堂に祀られている。

平治《へいじ》の乱《らん》で父の義朝《よしとも》を殺された牛若丸が、はたして鞍馬寺に引き取られて成長したのかどうか、確かなところはまったくわからないというしかなかろう。

治承《じしょう》四年（一一八〇年）、突如《とつじょ》として兄頼朝《よりとも》の黄瀬川《きせがわ》の陣地（沼津《ぬまづ》市大岡の黄瀬川東岸だったといわれる）に現われ、ついに壇《だん》ノ浦《うら》で平氏を亡《ほろ》ぼしたあとは、また姿を消してしまい、あとは数えきれぬ伝説のなかに生きるのである。それほどにわからぬ義経のことだから、鞍馬にいたという牛若丸と、頼朝の前に現われた義経とが、まったくの別人だったと考えることもできぬわけではない。

しかし、平治の乱のあと、源氏にゆかりを持つものが鞍馬に隠れているという噂は、すでに広まっていたにちがいないと思われる。それが義朝の子であるかどうかは、実はどうでもよく、都に近くて、しかも恐ろしい鞍馬の山中は、とりあえず源氏を打ち破った平氏にとって外敵の根拠地になったのである。

死んだ者の怨霊《おんりよう》も恐ろしいが、生きていて居所のわからぬ敵への恐れはまた格別のものだ。下界《げかい》の人間にはまったく知られない独特の連絡網を持つ天狗たち、これが義経の側近である。

彼らの実体は、武蔵坊弁慶《むさしぼうべんけい》に代表される僧兵くずれ、山賊、商人などであり、要するに身分素性《すじよう》のはっきりしない連中だ。彼らにしても、何も好んでアウトローの身分にいるのではなく、筋目正しい身分の者としての地位が築けるチャンスを切望していたのである。

だが彼らは、源氏の嫡流《ちやくりゆう》筆頭である頼朝にはとても近寄れない。頼朝の身辺は代々の家の子・郎等《ろうとう》（郎党）で隙間なく固められているのだ。そこへいくと義経はちがう。血統こそ正しいけれど、身辺はまるはだかであり、ここに天狗たちの衆望が集まってくる理由があった。

武蔵坊弁慶もそうした天狗――むしろ小天狗――の一人だが、義経に期待を寄せた数多くの小天狗たちが弁慶という架空の人物像にまとまってゆくのである。

天狗の暗躍が見られなくなるのは、いつごろからのことか、はっきりしない。鞍馬の天狗と牛若丸を結びつけた義経伝説のほとんどは室町《むろまち》時代にできあがっているが、過去の物語のなかに天狗を登場させるという精神が否定されるには、やはり織田信長《おだのぶなが》の比叡山焼打ちを必要としたであろう。

しかしそれよりも前に、義経がまだ生きているうちだが、大天狗の鼻をへし折るようなことばを吐きつけた男もいる。源頼朝だ。自分と義経を戦わせて共倒れを策した後白河法皇に向かって、頼朝は「義経の謀叛《むほん》は天魔の所為《しょい》だといって私をけしかけるあなただが、とんでもないこと、あなたこそ日本一の大天狗ではないか」とやったのである。

日本最高の実力者、後白河法皇の正体が実は日本一の大天狗だと見破られたからには、本物の天狗の魔性《ましょう》も下り坂をたどるしかなかった。

7

なぜ義仲《よしなか》は六十日天下で終わったか

――ただひとつの遺跡《いせき》〝首塚《くびづか》〟の謎

＊この章の主な登場人物

木曽義仲《きそよしなか》

後白河法皇《ごしらかわほうおう》

以仁王《もちひとおう》

中原兼遠《なかはらかねとお》

斎藤別当実盛《さいとうべっとうさねもり》

平宗盛《たいらのむねもり》

●京都にはきわめて乏《とぼ》しい義仲《よしなか》の足跡

権勢を誇る平家を打ち負かして最初に京都に入った男――木曽《きそ》義仲のことを書こうと思うのだが、彼の奮戦をしのばせる遺蹟《いせき》が京都にはまことに少ないのである。

木曽義仲個人に直接関係のあるものといったら、首塚《くびづか》（朝日塚《あさひづか》）といわれるものがただ一つ残っているだけなのである。（編集部注・現在はありません）

いったいこれはどういうわけか――？

べつにわたしは義仲に肩入れすべき筋合いのものではないが、といって、とにかく一度は京都を占領したほどの武人をしのばせるものがないということには、なにか釈然としないものを感じてならない。跡《あと》が残らなかったのだから仕方がないといってしまえばそれまでのことだが、どうやらここには、外からやってくる者の出方によっては、その跡をも残させずに追い払ってしまうという京都らしい偏狭《へんきょう》のきびしさが潜《ひそ》んでいるように思うのである。

たった一つしかない義仲の遺蹟――首塚を先に見ておこう。

市バスの「東山安井《やすい》」と「清水道《きよみずみち》」のちょうど中間、東側の「霊山観音参道《りようぜんかんのん》」と書いた石碑と大きな鳥居、これをくぐってゆるい坂道をのぼり、清水寺参道の二年坂（二寧坂）の手前から右へ曲がると通称を「八坂の塔」という法観寺に出る。女性哀愁の版画を得意とした竹久夢二《たけひさゆめじ》の旧居跡の西、といえばわかりやすいか。法観寺のせまい境内にあるのが木曽義仲首塚だ。「朝日将軍木曽義仲塚」とした石柱があり、それだけのもの。墓になってしまえば誰だってこんなものかもしれないが、哀れなことである。

その感じは、この首塚のある道をまっすぐ進んで、東山山腹にある京都霊山護国神社に行けばいっそう強くなる。その墓地には、明治維新の政争・戦闘で倒れた諸藩の有志が数百もならんで眠っている。彼らとてたった一基の墓碑《ぼひ》になってはいるのだが、少なくともその死は維新を成就《じようじゆ》したという栄光に包まれている。彼らと、木曽冠者《きそのかじや》義仲との相違はどこにあるのか。特に京都における相違は何か――？

これを頭におきながら義仲の京都占領と敗退とを考えてみたい。なぜ義仲の跡が残っていないかということもおのずからわかってくるだろう。

唯一の義仲の遺蹟——首塚

●義仲は命の恩人を冷たく殺した

さて木曽義仲、その父は源義賢《みなもとのよしかた》であるが、義仲が二歳のときに義平《よしひら》によって殺されている。義平は義賢の甥《おい》であるから、義仲は従兄《いとこ》によって父を奪われ、まったくの孤児として生きなければならなかったのである。

愚問ではあるが、同じ源氏の仲間であるのに殺し合うとは何事、と問うてみるのも無用ではない。するとわかってくるだろう、彼らは弱い相手を殺さずに済ませるようなルールのなかに生きてはいなかったのだということが。

義平は父の義賢とともに義仲をも殺してしまうつもりだった。そのつもりで義仲の身柄を畠山重能《はたけやましげよし》に預けたのだが、重能は幼児の義仲を殺すに忍びず、斎藤《さいとう》別当実盛《べっとうさねもり》に託した。実盛が木曽の中原兼遠《なかはらかねとお》に預けたので、義仲ははじめて木曽の地を踏んだ。

後年の最大のライバルであり、ついにはこれに敗れてしまう頼朝《よりとも》も危うく殺される寸前に救われたのだが、義仲もそうした偶然によって救われた生命を木曽の山中で荒々しいものに仕上げていった。

偶然、と書いたが、義仲の潜行に力を貸した斎藤別当実盛も、助けられた義仲のほうも、ともにこれを偶然としか考えていなかったようだ。以仁王《もちひとおう》（後白河法皇の第三皇子。源頼政《よりまさ》と組んで平氏討伐の軍をおこした。宇治《うじ》で戦死）のアピールに応じて義仲が挙兵したとき、維盛《これもり》を総大将とする十万の平氏軍が義仲討伐のために北国を襲うのだが、このなかに実盛はいた。討つべき相手の義仲を昔助けたことがあるなどと気にしない実盛は、どうやら白髪《しらが》の醜《みにく》さを隠すのに一生懸命だったし、実盛の首を実検した義仲のほうでも、実盛なら白髪のはずなのにこの黒々とした髪はなぜかと、そのことばかり不審に思っているのだ。

天才的な合戦のうまさだけをちからとして、義仲の軍は入京した。寿永《じゅえい》二年（一一八三年）七月である。大和路《やまとじ》からは行家《ゆきいえ》も入ってきた。直前、平氏の指導者宗盛《むねもり》は安徳《あんとく》天皇と建礼門院徳子《けんれいもんいんとくこ》を擁《よう》して京都を脱出していた。

主なき京都であったのかというと、そうではない。朝政を実質的に動かしていた後白河法皇は平然と京にいたし、平氏を見限ったこと以外には情勢判断に自信のない大部分の官僚は、木曾の山中から出てきた武士だそうだが、この京へ来て、はていったい何をしでかすつもりやらと、むしろ図太く見守っていた。

義仲が何をやるつもりだったのか、あらためて考えてもよくわからないのである。以仁王のアピールに応じて平氏を追放するための行動にはちがいないのだが、平氏を追放して、それでいったいどうするんだとなれば、わからない。

●木曽の山猿を化《ば》かした院の狸《たぬき》

いろいろむずかしく考えるから、かえってわからなくなるのだ。単純なところ、つまり彼が武士であったことをそのまま考えればいいのではないか。すると、守るよりは攻めるほうが有利だという戦いの論理が浮かびあがってくる。京都をめざしたというよりは、戦って次々に敵を打ち負かしているうちに京都に着いていたというほうが正しいかもしれない。

だが、京都に入ったとたん、情況は転換する。占領者としての地位を維持しなければならぬという、戦闘だけが得意な武士としてはいちばん苦手なことをやらなければならなくなったからだ。

だが、義仲にはこの転換の意味するところがよくわかっていない。とにかく占領したのだから恩賞をもらわねばならぬと、後白河法皇のところへのこのこ出頭する。

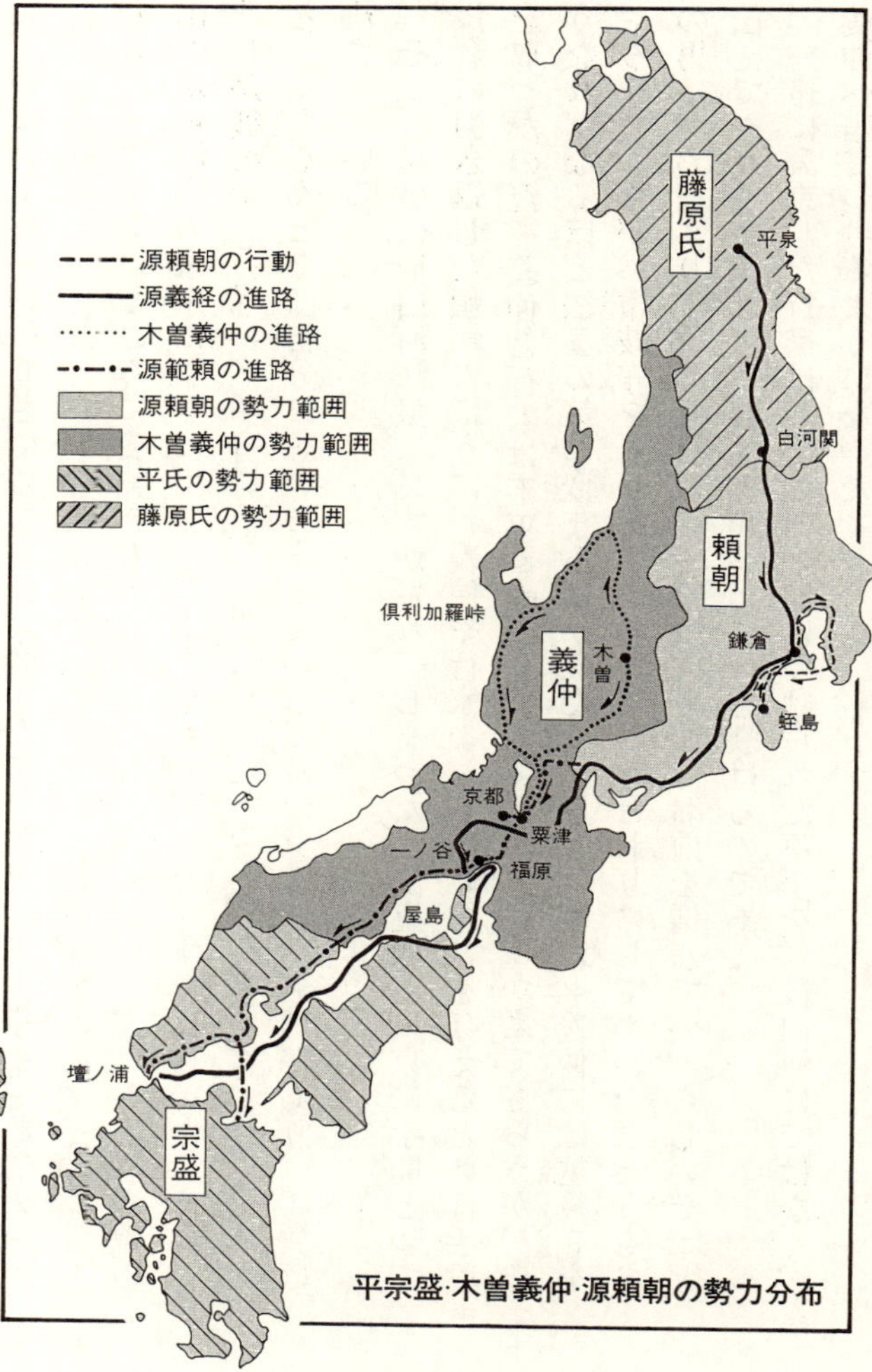

平宗盛･木曽義仲･源頼朝の勢力分布

歯がゆいくらいの愚直さではないか。勝った勢いに乗って、京都を第二の木曽にしてみせると、それくらいのことをやってもよかったはずである。その素振りも見せずに法皇のところに褒美《ほうび》をもらいに行くというのだから、はるばる木曽の山中から法皇の家来になりに出てきたようなものだった。すでに書いたように、それが彼の本心だったのではない。京都にやってきたのだからそうするものだと、ただなんとなく自分に思いこませているだけだ。ここに無理があり、勝負は決まっている。

そこを見事に後白河法皇に見すかされてしまった。法皇は、入京に手間どって鎌倉《かまくら》に引き返した頼朝のほうに、義仲や行家よりも高い恩賞を与えるという手段を取ったのだ。義仲と行家は不平を鳴らして知行国《ちぎようこく》を取りかえてもらうが、そうなればなるほど法皇の策に嵌《は》まるばかりだ。法皇が頼朝に「義仲には越後守《えちごのかみ》をやろうとしたが、讃岐守《さぬきのかみ》をくれというので、いうとおりにしてやった。どうもあの男は、お前より下位の恩賞なので気に入らず、お前を憎んでいるらしいぞ」と伝えてやりさえすれば、義仲と頼朝との仲を裂けるのである。

一緒に入京した行家は、義仲の下位につけられた不平を、後白河にではなく、義仲へ当てつけるようになった。

先に首都を占領した者がかえって損をするのは、古今東西を通じての鉄則だといえるようで、ロシア革命のケレンスキーもやはりそうだった。西郷隆盛《さいごうたかもり》もマッカーサー司令官も――。

むずかしいのは、最初の占領者が入城する寸前まで首都は戦場であるのに、占領したとたんに戦場ではなくなってしまうということだ。それが首領の義仲や兵士たちをいらだたせる。

都《みやこ》の住民などというものは、いらだたしい気分を率直に表現しないことこそ最良の徳だと思いこんで疑わない人間の集まりだから、義仲としては救われない。

安徳天皇は都を棄《す》てているのだから、京都には天皇がいない。法皇と右大臣九条《く》兼実《じょうかねざね》が新帝を決めようとし、軍事顧問格の義仲もこれに加わる。だが、ここでも義仲は疎外され翻弄《ほんろう》された。以仁王の子であり、自分が奉じてきた北陸宮《ほくりくのみや》こそ新帝たるべし――これだけは本気に思いこんでいた。

しかし、以仁王の使命が終わっている以上、その子を新帝につける意味はまったくない。高倉《たかくら》天皇の四宮《しのみや》の尊成《たかひら》親王（後の後鳥羽《ごとば》天皇）を新帝とする案が内定していたようだが、ただ義仲の手前、公平を期するという理由で新帝えらびの占いをした。それも、はじめは四宮が第一位とならなかったので占いをやり直し、ようやく四宮に決まったという無茶苦茶な占いだった。

義仲は呆然となった、とわたしは思う。

憎い平氏をやっつけろと以仁王がいわれ——賞金のことも魅力だったが——一発やるかと京都までの道中を戦ってきたんだ。この俺が来れば何もかもうまくいくと思っていたのだ。何が、ときかれても困るが、要するに何もかも、だ。

ところがどうだ、この京都というところは、なにか俺にはまったくわからぬものが動かしているらしい。それさえわかったら——。

●牛車《ぎつしや》を後ろから降りて笑われる

わからないといえば、義仲は牛車の乗りかたも知らなかった。

法皇の御所に行く用事ができて、義仲ははじめて貴族の正装をしたのである。烏帽子《えぼし》に装束《しようぞく》という、あのビラビラの服装だ。

これでは馬に乗るわけにはゆかぬ——と思うところがいじらしい、馬だってかまうことはなかったのだ——都では牛車に乗るのだな、それ牛車をよこせ、ということになった。

乗るには乗ったが、あとが悪かった。牛も車も、そして牛使いも貴族の家から徴発されたものだ。興奮している牛使いは、牛の尻をピシャリと叩いてしまったのである。

急に走り出した牛車のなかで義仲はひっくり返り――すばらしく細かな『平家物語』の観察眼だ――義仲の装束は羽を広げて飛ぶ蝶のように見えたという。

「牛を止めろ！」と怒鳴る義仲の木曽弁が「もっと速く！」と聞こえ、牛使いはハイ・スピードで都大路《おおじ》を走らせた。

いかにも木曽武者《むしゃ》らしい騒がしさで牛車は御所に着き、義仲は車の後方から降りようとする。エチケットにやかましく、それが生き甲斐で働いている召使いが飛んできて、「乗るときは後ろから、降りるときは前から、これが牛車の乗りかたでございますぞ」というのだが、義仲は「車だからといって通りぬけをするわけにはまいらぬ」と答え、はじめのように後ろから降りた。

義仲が御所に消えたあと、牛車のあたりでは爆笑の渦が巻き起こったろう。

「おもしろいことは、このほかにいくらでもあった。だが、あとが怖いから書くのを控《ひか》える」――『平家物語』の作者の叙述はまことに思わせぶりである。跡形もないほどに義仲を追放したのは、この「書くのを控える」京都の文化というものだったろう。

それは一見、あまり傷つけないようにという思いやりにも見えるが、その実、自分は傷つかずに気に入らぬ者を追放するには、いちばん巧妙な手段であった。

義仲は、だんだん悪人になってゆく。

だが、京都における「悪」とは何のことだ——。それは要するに、後白河法皇を中心に渦まく権謀術数《けんぼうじゅっすう》に入りこむ知識と手腕とを持ち合わせなかったということに尽きている。やむなく義仲の軍団は、京都においても戦争状態をつづけなければならなかったのである。

物資の掠奪をした、女を奪った——京都人の記憶に義仲が「悪」として映ったのはこれが理由だ。たしかに京都は荒廃しきっていたのである。諸国の荘園《しょうえん》から の年貢《ねんぐ》が順調に上納されているかぎり京都は安泰だった。だが、その荘園に武士団が発生し、収穫の多くが武士団のために現地で消費されてしまうようになると、京都はとたんに衰えた。

義仲自身が、そのように京都を衰えさせた武士団の首領なのだが、感覚的にそのことがわかっていない。大歓迎で居心地よく住めると思った京都は、彼に一片の食糧も調達してくれないのだ。

食糧どころか、女も世話してくれない。義仲は、美しいので評判だった前関《さきのかん》白松殿基房《ぱくまつどのもとふさ》の娘を手に入れたが、それが怪《け》しからんというのである。気に入った女を自分の物にするのが悪いのか、それでは都の男どもはどうやって女を手に入れるのだろう、さぞかし不自由しているだろうに――。

だから、西下の途中にある平家を討《う》てという名目で体《てい》よく京から追い出されると、むしろ義仲は晴ればれした気分で出ていったのではなかろうかと思う。これはまぎれもない戦争なのだ。食糧も女も力しだいで手に入れることができ、誰にも文句はいわせない。もっとも備中水島《びっちゅうみずしま》での戦いではさんざんにやられた。敗走の途《と》にある平家がますます横の団結を強くしていたのにひきかえ、そうでなくとも烏合《うごう》の衆の感があった義仲の軍勢は、都の毒気《どくけ》に当てられて分解しつつあったのだ。

これはやっぱり京都を完全に俺のものにしなければ駄目なんだ、というのが水島の敗戦で得た彼の教訓。京都を自分のものにしようと本気で考えた男は、義仲のあとにも先にもなかったろうと思うが、彼の採《と》った手段はおかしなものだった。法皇を北陸道に移そうと願って拒否されると、彼はいきなり法皇の御所法《ほう》住寺殿《じゅうじどの》を攻めて焼き払い、院方の貴族武士六百三十人を殺したのである。どうやら義仲は、法住寺殿を攻めることと武士同士の合戦とを混同している。敵の館《やかた》を攻めて殺せば、それで都は取れるものと錯覚していたのだろう。ただし、九条兼実が「六十日の天下」といった彼の京都占領中、この日だけは生き生きとしていたはずである。まったく自分の流儀ですごした一日だったのだから。

●義仲は清盛よりも極悪非道《ごくあくひどう》？

直後の宮廷改革において義仲が追放した貴族は四十九人である。ところが、『平家物語』は、清盛でさえ四十三人しか辞《や》めさせなかったのだ、という論法を持ち出し、この超過六人によって義仲の悪業は平氏をしのぐ、と結論する。

ここで義仲の滅亡は決定した。かりに武運に恵まれ、頼朝が派遣した義経の軍に勝ったとしても、平家より悪いという評判が立ったら最後、京都ではやっていけるものではない。

義経の軍が勢田《せた》、宇治の防陣を破って京に攻めよせてくると、義仲は六条御所の後白河法皇に暇乞《いとまご》いに行く。この会見はどうということもなかった。むしろ法皇は義仲の愚直さに呆れ返っただろう。義仲を討てと鎌倉に命じたのは法皇自身であり、それを知らぬはずのない義仲なのだ。

こういう愚直さは、彼があくまで自分なりのやりかたを変えなかったことを示している。法皇の次に、あの松殿基房の娘のところに別れを告げに行ったのもそれだ。

ところが、敵は六条河原にまで来ているのに、義仲は女の家から出てこないのである。たまりかねた家来――越後中太家光《えちごのちゅうたいえみつ》は腹を切ってしまう。それで義仲はようやく腰をあげて最後の戦いに出てゆくのだが、わたしはこの家光を憎いと思う、余計なことをしたものだと思う。女に別れを告げているところで討ち殺されてもかまわなかったではないか。

六条河原で敗れ、今井四郎兼平《いまいしろうかねひら》と二人だけになった義仲は近江粟津《おうみあわづ》で最期を遂げる。これはこれで哀れな美しさがあるけれども、女の家での死ということも、彼を呼び寄せて翻弄した京都のなかに、ぐさりと一本、ある衝撃を残したのではないかと思う。

「木曽の山猿」などといわれてさんざんの悪評を浴びた義仲の軍勢だったが、彼らが手当たりしだいに女を犯したという悪評が事実だとすれば、京都人のなかに流れる「木曽の山猿」の血は案外に濃いものだということになる。それが嫌なら、義仲に対する悪評をいまのうちに引っこめておいたほうがいいわけだけれども、どちらを選ぶか、迷うところだ。

8

後白河法皇《ごしらかわほうおう》は本当に建礼門院《けんれいもんいん》を訪ねたか

――『平家物語《へいけものがたり》』のフィナーレ「大原御幸《おおはらごこう》」の謎

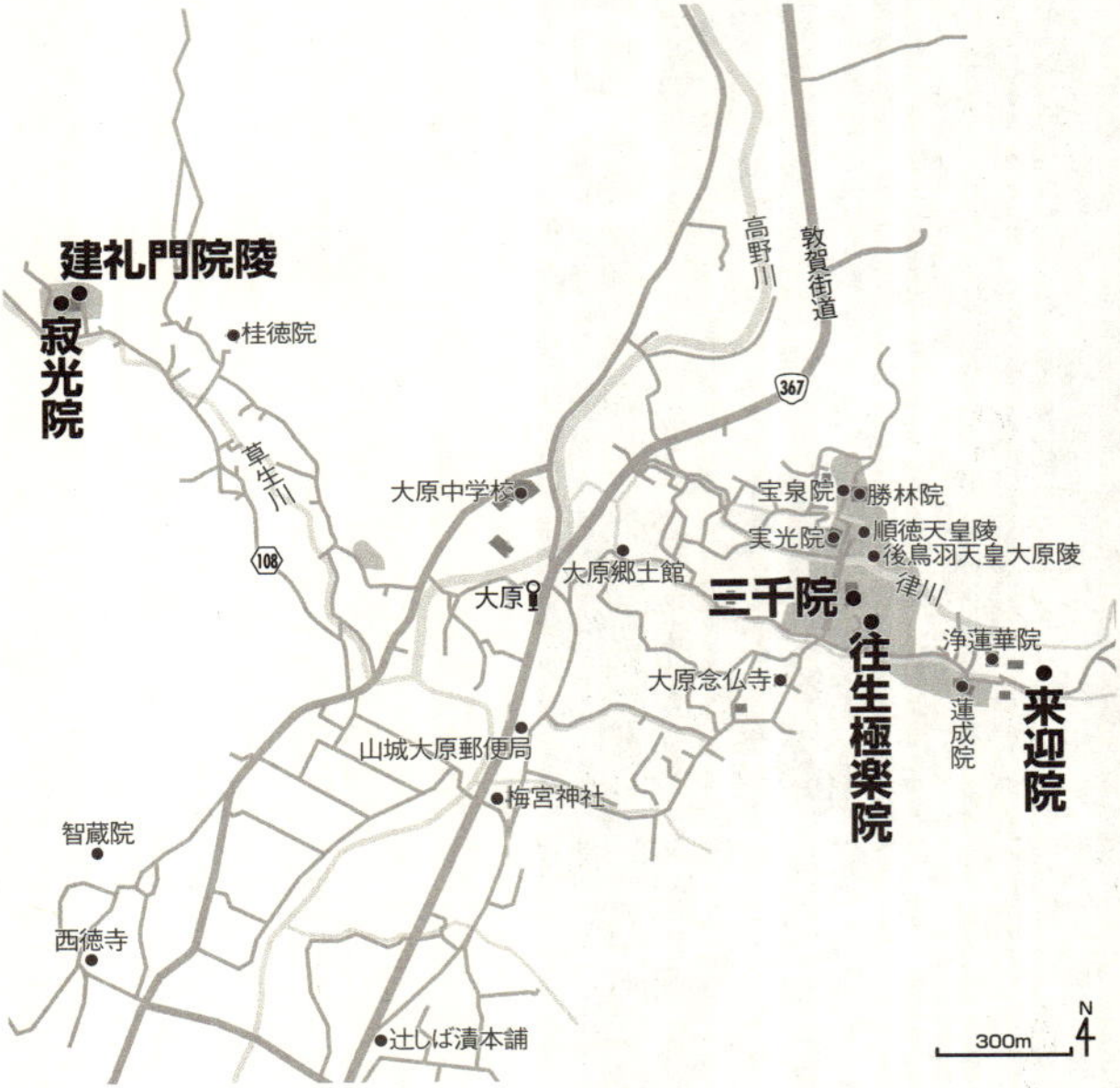

＊この章の主な登場人物

後白河法皇《ごしらかわほうおう》
建礼門院徳子《けんれいもんいんとくこ》
安徳《あんとく》天皇
平清盛《たいらのきよもり》
慈円《じえん》

●平家の悲しみを見つめていた一本の桜

大原寂光院《おおはらじやっこういん》の前庭に、一本の桜の木がある。

『平家物語《へいけものがたり》』の最終巻「灌頂《かんじょう》の巻《まき》」によれば、ここにひっそりと住んでいた建《けん》礼門院《れいもんいん》（平《たいらの》）徳子《とくこ》を後白河法皇《ごしらかわほうおう》が訪ねた。

法皇の一行が寂光院に着いたとき、徳子は不在だった。裏の山へ、仏前に供《そな》える花を摘《つ》みに行っていたのである。

前庭には池があって、散っては落ちる桜の花びらが水の面を埋めている。遠くに聞こえる山郭公《やまほととぎす》の声も、法皇の来院を待ちかねていたようだった。

いや、わたしなどがくだくだ書くよりも、池の前で詠《よ》んだ法皇の歌を紹介したほうがよい。

池水に　汀《みぎわ》の桜散りしきて
浪《なみ》の花こそ　盛りなりけれ

カエデにおおわれた寂光院への石段

いま寂光院の前庭にある桜は当時からのものではないだろう。しかし、それでもいいのである。後白河法皇と徳子の会見に立ちあった経験を伝えるものとしては、仏像や建物より、生命のある桜の木のほうがずっとふさわしい。

寂光院は、ただそこに建礼門院徳子が住んでいたということより、その徳子を法皇が訪れた「大原御幸《おおはらごこう》」の話で有名になっている。

『平家物語』の作者は、物語全体をつらぬくテーマを「灌頂の巻」一巻に凝縮《ぎょうしゅく》し、それが展開される舞台を、この大原に設定した。

物語にゆかりのある場所は、数えきれぬほど多く京都に散らばっている。だが、それらは、部分であり、一つの挿話である。

大原の里と徳子は、物語のすべてであった。六波羅とか法住寺とか、あるいは一ノ谷、壇ノ浦といった数々の舞台は大原の里におきかえられ、徳子は登場人物のすべての運命を背負った人格となっている。

その意味は、後白河法皇の「大原御幸」によっていちだんと鮮明なものになった。

だが、法皇はほんとうにこの大原にやってきたのだろうか。

● "大原御幸" が感動を呼ぶ理由は何か

よく知られていることだが、もとより『平家物語』はいわゆる書き下ろしでできたのではない。琵琶を弾きながら物語を語って歩く吟遊の詩人たち——琵琶法師のための脚本であった。全体のまとまりをつける作業をした人がいたことは推測され、それが信濃前司行長とか性仏とかいわれるのだけれども、彼らの協同作業の結果そのものが現在の『平家物語』の姿だとはいえないのである。

建礼門院が主人公となるのは、『平家物語』全十二巻のあとに付け加わっている「灌頂の巻」である。その「灌頂の巻」のハイライトともいうべきところが、後白河法皇が建礼門院の侘《わ》び住まいを訪ねて慰め合う「大原御幸」なのだ。

美しい場面である。安徳《あんとく》天皇——後白河にとっては孫、建礼門院にとっては実子——を失った悲しみの共感のなかに、争いも謀《はかりごと》も吸いこまれてしまうように見える。

だが、どうもおかしい。

法皇の性格からいって、清盛《きよもり》の娘である建礼門院を慰めに行くという行為はありえない。行ったかもしれないが、少なくともそれは彼女を慰めに行くというようなものではありえない。

おそらく行かなかった、と思う。

「後白河は大原に行かなかった、これが真相だ！」などと叫ぶつもりはない。そんなことをいっても、「大原御幸」の感動の前には簡単に吹きとんでしまう。

それはそれでいいのだが、問題は、それが一人の頭脳によってつくられたフィクションではないということだ。語り伝えられながらできあがったのが『平家物語』だったということのなかに、「大原御幸」が感動を呼ぶ謎が潜《ひそ》んでいると思う。

大原に落ちつくまでの建礼門院の足跡をたどってみよう。

怖がる安徳帝を抱いた二位殿《にいどの》（清盛の妻）は、「浪《なみ》のしたにも都のさぶらうぞ」となだめて共に入水《じゆすい》したが、建礼門院は助けられた。都から持ってきた硯石《すずりいし》を懐《ふところ》に入れて重石《おもし》とし、身を投げたのだが、いまだ沈まぬうち、源五為允《げんごためよし》がつき出す熊手《くまで》に髪をからめられて源氏の舟に引きあげられたのだ。平氏一門は壇ノ浦に消える。

浪の下の都にたどりつけなかった平氏の人々、男三十八人、女四十三人だったという。

●大原の里は〝この世の浄土《じようど》〟

都へ連れもどされた建礼門院の手には、形見にと思う安徳帝の衣だけがあった。吉田山のあたり、慶恵《きようけい》という僧の坊に身を隠したが、平家残党の探索はきびしくなるばかり。ついに文治《ぶんじ》元年（一一八五年）五月、長楽寺《ちようらくじ》阿証房《あしようぼう》の印誓《いんせい》上人《しようにん》によって得度《とくど》（仏門にはいること）、髪を下ろして尼僧《にそう》となったのである。

しかし彼女には、御布施《おふせ》として差し出す物がなにもない。やむなく、あの安徳帝の衣を手放したのだ。印誓上人はこの衣を幡《はた》（長方形の旗）に縫い直し、仏前にかけることにした。

東山の円山《まるやま》公園と東大谷廟《ひがしおおたにびょう》のあいだを少し上り、つき当たるのが長楽寺で、安徳帝の遺品（幡）はいまも残っている。なにしろ八百年も前のもの、かなり傷んでいるのでプラスチック樹脂を吹きつけて保存されている。長楽寺には建礼門院の画像もあるのだが、描かれてすぐに上塗りされ、誰の像かわからぬようになったままで長い時間を過ごしたらしい。表面を洗い落としてはじめて建礼門院画像だとわかったのだそうだ。

彼女が大原の里、寂光院に入ったのは髪を下ろした年の暮れ近くだった。

大原の里は、現実の浄土《じょうど》であるという意味を持つ場所だった。三千院《さんぜんいん》のなかの往上極楽院《おうじょうごくらくいん》といい、あるいは来迎院《らいごういん》といい、それはみな浄土へのあこがれを込めて崇敬《すうけい》された。都の人々は、はるばるこの大原に来て、極楽浄土に夢をつないだのである。

寂光院の庵名《あんめい》にしても、浄土から射してくる寂光を慕う気持ちからつけられたのだ。

彼女が大原の里を選んだことは、ただそれが人目に触れないところだという意味だけでないのを知ってほしいと思う。

生き残った平氏の者として、彼女は現実の浄土である大原にこそ住まなければならなかったのである。そこに生きつづけて、平氏一族の霊が浄土に遊べるように世話してやらねばならなかったのである。

そして問題の「大原御幸」になるのだが、ここで、無名の琵琶法師たちに出てきてもらわなければならない。

●仏教を弘《ひろ》めるための手段が『平家物語』

琵琶を弾き語って庶民のあいだを演じて歩く盲目の芸人は、十世紀の終わりごろから現われたものらしい。吟遊詩人である彼らは、実際に起こった出来事を素材とする叙事詩や因縁譚《いんねんたん》を語っていた。

一方で彼らは一種の芸能団体を結成し、検校《けんぎょう》と呼ばれる最高位以下の階級を区別するようになるとともに、語り物の題材に対して組織的な体系だてを行なうようになってきた。分派ができ、同じ題材でも流派によっては細部の語りかたが異なったり、階級の差によって語れる題材の範囲に制限をつけるというようになったであろう。

彼らが演ずる場所は往来であり、市《いち》の一隅であり、寺社の門前であり、また民家の門口だった。語り手と聴衆のあいだに、それぞれの興味と動機とが火花を散らしてぶつかり合った。語り手においてでもなく、といって聴き手においてでもなく、まさに火花の散るところで、語りの内容は豊かな変貌を遂げてゆく。

その題材の一つとして『平家物語』が加わっていったのだった。吉田兼好《よしだけんこう》の『徒然草《つれづれぐさ》』が『平家物語』成立についてまとまった記事を載《の》せている。

それによると、学識の高い信濃前司行長《しなののぜんじゆきなが》という者が遁世《とんせい》していたのを天台座主《てんだいざす》の慈円《じえん》が引き取って扶持《ふち》を与えたこと、慈円の保護のもとに行長が物語を書き、性仏という琵琶法師に口伝《くでん》したこと、性仏は東国出身だったので、源氏の武者のことについては性仏の知見が役立ったことなどがわかる。

『平家物語』が比叡《ひえい》山で生まれたということ、これがたいへんおもしろく、同時に、大原の里に後白河法皇を登場させた最大の理由であろう。

法然《ほうねん》・栄西《ようさい》、そして親鸞《しんらん》・道元《どうげん》・日蓮《にちれん》という天才的な思想家が次々と比叡山を

源平の抗争史年表

1051（永承６）	奥州で安倍氏が反乱。朝廷の命で源頼義・義家父子が清原氏の援助で平定（前九年の役）。
1086（応徳３）	奥州で清原氏が反乱。源義家が藤原清衡を助けて平定（後三年の役）。東国に源氏の地位確立。
1156（保元１）	崇徳上皇・後白河天皇兄弟、藤原忠通・頼長兄弟の対立から保元の乱勃発。天皇方の源義朝・平清盛は上皇方の源為義・為朝・平忠正らを討つ。
1159（平治１）	藤原通憲・平清盛組と藤原信頼・源義朝組が対立、義朝討たれ（平治の乱）、平氏の全盛となる。
1167（仁安２）	平清盛、太政大臣となる。
1180（治承４）	「平氏討伐」という以仁王の令旨を受け、源頼政挙兵。つづいて頼朝、義仲も挙兵。
1181（養和１）	平清盛死亡。
1183（寿永２）	木曽義仲入京。平氏は西国に逃れる。
1184（寿永３）	義仲、瀬田で討死。一ノ谷の合戦。
1185（文治１）	屋島の合戦。壇ノ浦の合戦。平氏滅亡。
1189（文治５）	源義経、奥州平泉で藤原泰衡に攻められ自殺。
1192（建久３）	源頼朝、征夷大将軍になる。鎌倉幕府開設。
1213（建保１）	建礼門院徳子死亡。

下りていった。鎌倉時代の比叡山は、その巨大な組織がかえって禍《わざわい》となることもあり、明らかに危険な状態にあった。座主の慈円は山を下りようとしなかったが、民衆のなかに布《ふ》教《きょう》する必要は痛感したはずである。

慈円がどこまで計算していたかはわからないにしても、遁世の学者である行長を保護して一篇の物語を書かせ、それが琵琶法師によって語られてゆくという経過をみると、『平家物語』には比叡山の宗教を民衆のなかに弘めてゆく期待が負わされていたと考えるしかない。『平家物語』は布教のための手段、あるいは布教そのものだったのだ。

文芸や絵画が宣教の一つの形式としてあったということは、べつに奇説でもなんでもない。

「一遍上人《いっぺんしょうにん》絵《え》伝《でん》」は熊野《くまの》神社への信仰を集めるものだったし、ハンセン病人の小栗《おぐり》が照手《てるて》姫《ひめ》に引かれて熊野に詣《もう》で、めでたく蘇生《そせい》する「小栗の判官《はんがん》」の物語もまたそうだった。熊野や高野《こうや》山からは先達《せんだつ》と呼ばれる人々が全国に散って宣教し、その手段として、効験あらたかな説経が語られた。

熊野や高野山に人々をいざなう先達は僧侶であると同時に語り手でもあったが、比叡山はこれを琵琶法師に託したのだ。

●『平家物語』のフィナーレが建礼門院徳子

琵琶法師のあいだで『平家物語』はたちまち歓迎され、ほとんど他のレパートリーを圧倒するようになってゆく。

だが、問題の「灌頂の巻」は、他の巻ができあがってから約百年のちに、つまり『平家物語』が比叡山の手を完全に離れてから、あとになって付け加わっているのである。

これは琵琶法師の集団のなかにつくり出された秘伝である。『平家物語』の全体を貫く精神——諸行無常《しょぎょうむじょう》——をまとめて別に一巻を仕立て、一定期間の修行を終えた法師でなければ「灌頂の巻」を語ってはならぬという規約ができた（「灌頂」というのは仏の弟子になる儀式であり、キリスト教でいえば洗礼《せんれい》にあたる）。だからこそ、「灌頂の巻」の舞台は大原の里でなければならなかったのだ。主人公は建礼門院徳子でなければならなかったのだ。

大原は現実の里であって、しかも浄土。すでに徳子は、なかば浄土に遊んでいる。

後白河法皇の「大原御幸」は文治二年（一一八六年）の夏だったと書いてある。春のうちはまだ寒く、実行を見合わせていたのである。

注意すべきことは、なぜ法皇が徳子の閑居《かんきょ》を訪ねようとしたのか、それがまったく書いてなく、ただ「大原閑居のお住まいを御覧になりたいと思《おぼ》しめされて」というだけであるところだ。

理由などあるわけがない。嫁の徳子が産んだ孫——安徳帝は、平氏とともに壇ノ浦に沈んでしまっている。三種の神器は、これも海底に消えているのに、そういうことをまるで気にしないかのように新帝後鳥羽《ごとば》天皇を即位させたばかりの法皇なのである。

建礼門院は助かったそうだが、とたずねることはあったろう。尼になって大原におります、と聞かされ、なるほどと思うぐらいのところだったにちがいない。

では、なぜ「灌頂の巻」の作者は法皇を大原に行かせたのか――？

法皇でなくともよかったのである。だが、法皇をここに登場させないとすれば、『平家物語』に出てきた人物のすべてをここに一度に出してこなければならず、それでは「灌頂の巻」を別巻の秘伝として立てる意味がなくなってしまう。

法皇に対面した建礼門院は、波瀾《はらん》に富んだ半生をながながと回顧する。清盛の娘に生まれ、高倉《たかくら》帝の中宮《ちゆうぐう》（天皇の后《きさき》。皇后とほぼ同等の資格を持つ）となって安徳帝を産んだ栄華《えいが》は一転して都落ちとなり、壇ノ浦の阿鼻叫喚《あびきようかん》から救われてこの大原に住みつくまでの半生は、まるで六道《ろくどう》（地獄・餓鬼《がき》・畜生《ちくしよう》・修羅《しゆら》・人間《ま》・天上）を見てきたようだと彼女はいう。

六道を目のあたりに見めぐり、そしていまは浄土・大原にいるのだと――ここに彼女の誇りを見よう――述懐させるのが「灌頂の巻」の目的だった。

その相手を一人えらぶとなれば、後白河法皇しかいない。この法皇こそ、彼女がくぐりぬけてきた六道のすべてを実際に演出した人物だったのである。

琵琶法師たちは、「建礼門院に引かれて大原に行った後白河法皇、そのモデルは、そら、お前だぞ」と指さしたのである。指さされてショックを感じる聴衆であったからこそ、「大原御幸」は虚構を超えた真実として伝えられた。

9

西芳寺《さいほうじ》の〝枯山水《かれさんすい》〟は古墳の跡だ

——夢窓疎石《むそうそせき》、作庭にかけた執念の謎

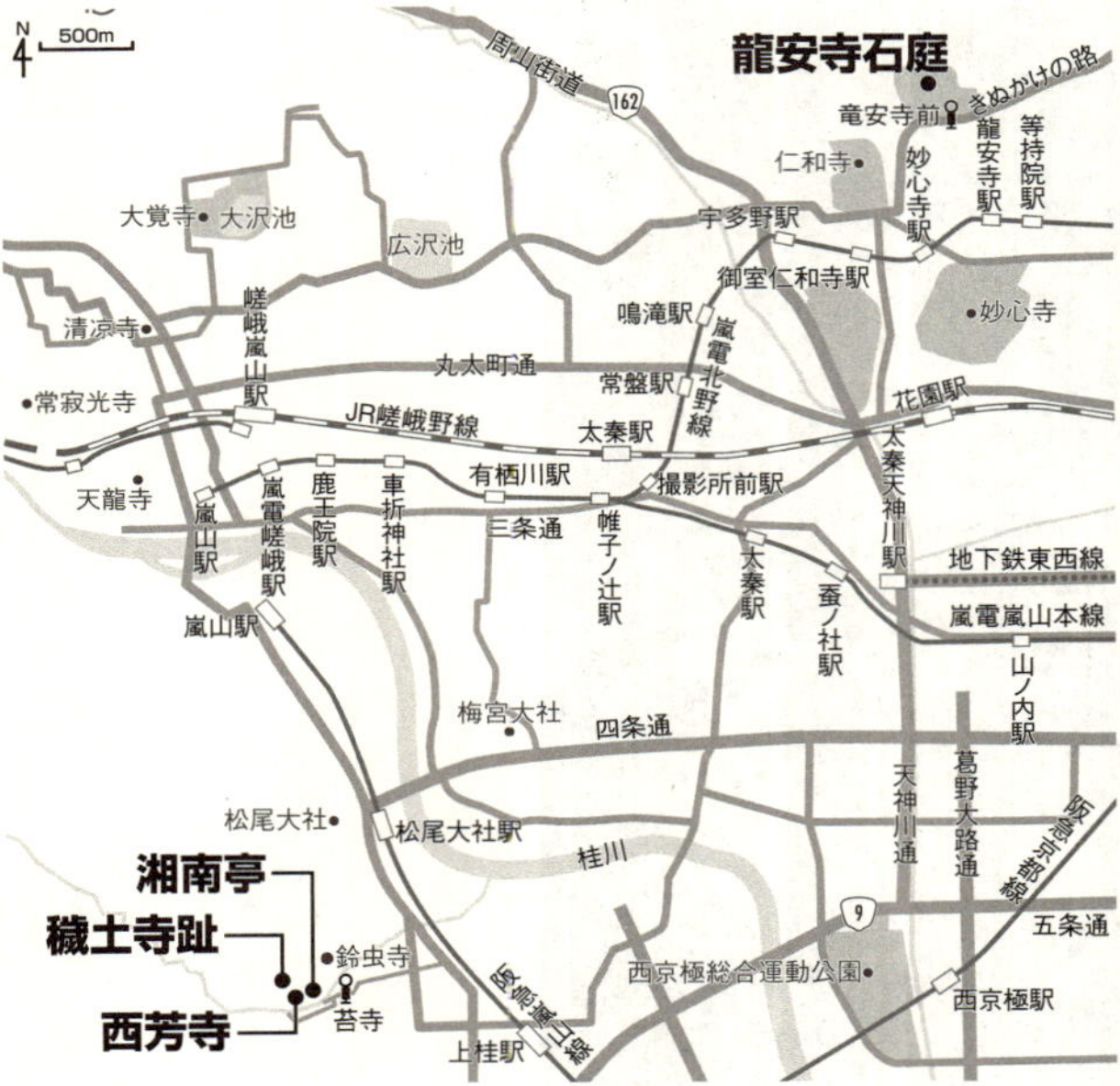

＊この章の主な登場人物

夢窓疎石《むそうそせき》

藤原親秀《ふじわらのちかひで》

大燈国師《だいとうこくし》

●枯山水《かれさんすい》は龍安寺《りようあんじ》の石庭《せきてい》だけではわからない

石庭というと、京都の龍安寺の石庭がいちばん有名だ。

白砂《はくしや》のうえに、ただ石が置いてあるだけのものを見ると、なんだかひどく高等な謎をかけられているような気になり、大海に浮かぶ小島をあらわしているのだとか、母虎《ははとら》が子虎を連れて川を渡っている光景であるとか、つまり、どうにかしてこの石庭の意味を納得しようと苦心惨憺《くしんさんたん》。あげくは、どうもわかったようでわからない、といった気分でここをあとにする人も多いだろう。わかるようでわからないのが石庭なり、という解釈もある。

龍安寺の石庭のような庭園の様式は、枯山水（かれさんすい・かれせんずい）と呼ばれている。

一区画のなかに山水――自然を写しこんでしまう形式が主流となっているのが日本庭園の特徴といえるだろうが、そのなかでも枯山水となれば、これはもう日本独特のものといってよいだろう。

絵画彫刻のジャンルにたとえていえば、自然をそのままとり入れて造型した庭園が具象《ぐしょう》芸術であるのに対し、枯山水はアブストラクト（抽象《ちゅうしょう》芸術）である。

つまり枯山水は、「これは何であるのか」とか「これは何を意味するのか」という類《たぐい》の質問さえも拒否する。

アブストラクト芸術に接する機会は増えてきており、それはさほど珍しいものとは思われなくなってきている。製作される量からいくと、アブストラクトが芸術の主要な形式であるとされる時代になってきたといえるかもしれないのである。

だが、昔から日本にあった枯山水について、アブストラクト芸術に対するような率直な接しかたが行なわれているかどうかとなると、かえって疑問に感じられないでもない。

二つのものを一様に考えてしまうといけないのはもちろんであるが、枯山水とは、いったいどのようにして日本独特の庭園形式になったのか、ということを考えてみると、なにか新しいヒントが生まれてくるかもしれない。

枯山水とはなにか。

これを考えるには、はじめに龍安寺の石庭を見、その印象をすっかり頭に刻みこんでから西芳寺《さいほうじ》（苔寺《こけでら》）に直行するのがいい。

近代芸術に通じる龍安寺石庭

龍安寺にしてもそうだけれど、この西芳寺に来ると、古い歴史を持つ寺院がいかにも場所の選定に気をつかっていることがわかるだろう。

松尾大社《まつのおたいしゃ》からの路《みち》を南に進んで、西山の烏ヶ岳《からすがだけ》の谷間から流れてくる西芳寺川に出あうところに西芳寺がある。

ここに西芳寺の場所をえらんだのは行基《ぎょうき》である。彼は日本全国を余すところなく遊説《ゆうぜい》して歩き、いたるところで灌漑《かんがい》用水を開いて水田をおこし、要所に橋を架けた。その遊説の拠点として彼が造った道場は山城国《やましろ》（現在の京都府）、大和国《やまと》（現在の奈良県）、河内国《かわち》（現在の大阪府）、和泉国《いずみ》（現在の大阪府）、摂津国《せっつ》（現在の大阪府と兵庫県）の畿内《きない》だけでも四十九ヵ所にのぼったといわれ、この西芳寺も天平《てんぴょう》年間（七二九―七四九年）に造られた行基四十九寺の一つであるが、はじめは西方寺《さいほうじ》と表記されていた。

●夢窓疎石《むそうそせき》は禅の改革者だった

平安朝になってからは念仏宗《ねんぶつしゅう》の寺院になって、寺域は、いま池泉廻遊式庭園《ちせんかいゆうしきていえん》のある下方の部分と、枯山水の石組《いしぐみ》がある上方とに区分されたらしい。上方には穢土寺《えどでら》が造られた。

いまの西芳寺でも、拝観のコースはまず下方から始め、向上関《こうじょうかん》をくぐり通宵路《つうしょうろ》を上って上方の指東庵《しとうあん》に行くようになっている。

美しい苔に魅了され、さて向上関をくぐって行くところが、かつて穢土と呼ばれたもう一つの現実世界であるということ、この順序を変えては、せっかくの西芳寺参りの意味が台なしになってしまう。夢窓疎石の以前から、西芳寺は現世の表と裏とをあわせて示していたのだ。

さて、この西芳寺はしだいに荒れ、暦応《りゃくおう》二年（一三三九年）、藤原親秀《ちかひで》が夢窓疎石を招いてその復興を依頼することになった。

そのとき夢窓は六十四歳。臨済宗天龍寺派《りんざいしゅうてんりゅうじは》（夢窓派）の指導者として名声をうたわれていた。

それまでの禅宗というと、政治向きのことにはあまり関心を寄せることなく、ひたすら修行に打ちこむことを唯一の目標にしてきた。

このなかで夢窓は、足利尊氏《あしかがたかうじ》・直義《ただよし》兄弟の不和を仲介しようとしたり、あるいは南北両朝のあいだに立って講和をはかるなど、むしろ政治のことに強い関心を示しているのである。「夢窓のやりかたは禅を亡ぼしている」という大燈国師《だいとうこくし》の非難が出てくる理由だ。

わたしはこれを、一個の改革者の姿と考える。改革者はその性格を理解されがたいという原則のようなものが彼の場合にもはっきりあらわれており、南北朝の和解につとめる側面と、有力者からの招聘《しょうへい》を避けて逃げまわる側面とが彼の性格のなかに同居している。

〝引き裂かれた人格〟とでもいえばよいだろうか。それは、ほかならぬ夢窓自身がよく知っていて、庭づくりに熱中した理由の一つがここにあるといってよい。ほかの誰のためでもない。「禅を亡ぼす」という非難さえ浴びている自分だが、六十四歳になっても修行に打ちこんでいくという、いわば禅者としての存在証明のための庭園、これが西芳寺の庭であり枯山水だったのだと思う。

夢窓ただ一人のためのものだったといってよく、浪費とはちがった意味で、この庭はひじょうにぜいたくなものなのである。

●裏山には大古墳《こふん》群の遺跡があった

龍安寺の石庭を見たあとの目には、西芳寺の枯山水はずいぶんちがったものとして映るにちがいない。十五個の石のうち一個は、どこから見ても隠れているという説明に、なるほどと感心するのが龍安寺石庭だが、実際これは、自然の現象をすべて排除しようとしている。

西芳寺枯山水の石組は、そこにそうしてはじめから置いてあったような配置であり、人間の手が加わっていることをむしろ隠すかのように思える。

だが、それは作為ではなかった。

西芳寺枯山水の石組は、夢窓が再建を任されるより何百年もの昔からその場所にあったのである。それは、古墳の石組だったのだ。

西芳寺の裏山に古墳があるのではないかという話は、かすかに語られていたらしい。しかし、その実態が明らかになったのは最近になってからのことである。田辺昭三《たなべしょうぞう》氏の調査によると、この裏山一帯は密集した古墳群になっており、いま存在を確かめられる古墳の数は四十九基にのぼる。京都周辺の古墳群としては最も密集度の高いものだそうである。

この発見は、枯山水という形式の起源について、ひじょうに興味ぶかいヒントを与えてくれる。

夢窓疎石ほど作庭に熱中した僧はいない。以前から、石立僧《いしだてそう》と呼ばれる僧があった。寺院に付属する庭園を設計施工《しこう》する僧侶のことをそのように呼んだのであるが、彼らは主として中層以下の僧侶であり、僧のうち、庭づくりが好きであるとか、ふつうの僧よりは少し心得もあるといったことで、なかば専門的な庭園家のようになっていったものと思われる。

夢窓は、その石立僧の系譜につながる最大の人物であった。そのように呼ばれておかしくないほど、彼は行く先々の寺院に優秀な庭園を残してきた。吸江寺《ぎゅうこうじ》(高知)、永保寺《えいほうじ》・東香寺《とうこうじ》(岐阜)、南芳庵《なんぽうあん》・瑞泉寺《ずいせんじ》・泊船庵《はくせんあん》(神奈川)、恵林寺《えりんじ》(山梨)などは、みな夢窓が造った庭園によって有名になっている。

そこでわれわれは、夢窓が、その生涯を費やした多くの作庭経験のなかから枯山水という新しい発想を練りあげ、それを西芳寺の、かつて穢土寺があった場所に試みたのではないかと思いがちである。

つまり、はじめに「ここにはこういう石を置き、あちらにはこれ」という想いができていて、これに従って石が組まれた、というふうに。

しかし、これがちがっていたわけである。

はじめにあったのは、古代豪族の亡骸《なきがら》を納めた石組の棺であった。古くは上に土が盛りあげられていたが、それはしだいに流失して石組が露出してきたのであ

西芳寺　枯山水石組と池泉廻遊式の庭園

る。夢窓以前、このあたりは楞《りよう》伽窟《がくつ》と呼ばれていたという話も聞く。楞伽とは宝のこと、あるいは常人の入ることのできない境地である。だからそれは、一種の秘境というような意味を持っていたであろう。

これを夢窓は、禅者が修行を行なうに足るだけの聖地につくりかえていった。つくりかえた、とはいっても、古墳の石組をあちこちに移動させはしなかったであろう。ほんの少し手を加えただけで、あとは土を盛りかえ、樹木の配置に工夫を凝《こ》らすということに重点がおかれたものと考えられる。

そのように考えなければ、あの石組の自然なたたずまいは理解できないのだ。もちろん、それが夢窓の意にかなっているものであることはいうまでもないだろう。一つ一つの石に対し、彼は「おまえは、それでよし」と承認しているのである。

だからわたしは、西芳寺の枯山水は下方の廻遊式庭園との対照のなかで、はじめて意味を持ってくるのだと思う。

西芳寺の庫裡《くり》から池のきわに降りる。排斥されていたころの岩倉具視《いわくらともみ》が住んでいた茶室湘南亭《しようなんてい》のあたりまで来ると、頭上の木々、池の水面、そして一面の苔が反射する光に包まれる。ここでは、その光に自分をすべてゆだねてしまうほうがいい。光の浄土で思いきり遊んだほうがいいのだ。

だが、楽しみも向上関をくぐるまでのことだ。通宵路を上れば、すべては、一変する。かつて穢土寺と名づけた人の精神は、夢窓に、さらにきびしいものとなって受け継がれており、世俗の甘えなどというものを一つ残らずはねつける仮《か》借《しやく》なさが、ぴーんと張りつめている。

『夢中問答《むちゆうもんどう》』のなかで、夢窓は次のように説いて聞かせる。

「昔から、山水といって、山を築き石を立て樹を植え、水を流して愛好する人は多い。

かたちはどれも同じであるが、人によって山水を愛好する意味はちがっている。ただ、家の飾りと思う者、宝物を集めるのと同じように考えている者など、いろいろだ。

それはそれでいいのだけれども、山水そのものと道行《どうぎよう》（禅の修行）とを別々に考えているようでは真の道人《どうじん》（一心に修行にはげむ者）とはいえない。山河大地草木瓦石《がせき》をみな己れの本分だと信じている人こそ、山水愛好の点では世情と似てはいるが、やがてはその世情を道心として、泉石《せんせき》草木の四季に変わる気色《けしき》が工夫なのだと知ってゆく。

道人が山水を愛好するとは、こういうことをいうのだ。山水を好むのは悪事でもないが、といって善事でもない。山水に得失はなく、得失は、これを愛する人の心にある」

すべては、その人の心のありかたいかんによる、と夢窓はいうのである。

禅修行の心とは、自分をとりまく不自然なことがらを一つ一つとり除《の》けてゆくことだといえよう。その対象になるもの、あるいは環境は、動の自然をぎりぎりに追いつめていったところのもの、つまり不動の自然でなければならない。

そうでなければ、これに対置する禅修行の心を見きわめることができなくなってしまう。

●石庭は〝石〟と相談してつくられる

枯山水という言葉は、すでに十一世紀に書かれた『作庭記《さくていき》』という本のなかに出ている。夢窓は、もちろんこれを読んでいたであろう。

だが彼は、テキストの教えるままに枯山水をつくって満足するような人間ではなかった。彼が一介の石立僧ではなかったゆえんである。

それゆえわたしは、夢窓が西芳寺裏山に露出していた石をはじめて見たときも、これは枯山水をつくるのにぴったりだ、というふうには思わなかったような気がしてならない。

枯山水という形式のことなどはどうでもよく、その石が問題なのであった。「これで、どうだ！」と思ってぶっつける修行者の精神を、石は「まだまだ！」とはね返してくる。別の石が「うん、なかなかやる」と受けてくれても――そこまでいけば上出来だが――もう一つ別の石は「なんだ、それくらい」と冷笑する。

修行者と石との、そのような真剣なやりとりを妨げることが少しもないように工夫すること、それが夢窓の作庭であり、また彼自身の修行でもあったわけだ。

ふたたび西芳寺から龍安寺石庭に戻る。これでわれわれは、他所《よそ》から運ばれてきた石が人為的に配置された枯山水と、はじめからそこにあった石組による枯山水とのあいだを往復したことになる。

10

銀閣寺《ぎんかくじ》は義政《よしまさ》の妻の へ、そ、く、りで建った

――日野富子《ひのとみこ》、〝日本一の悪女〟説の謎

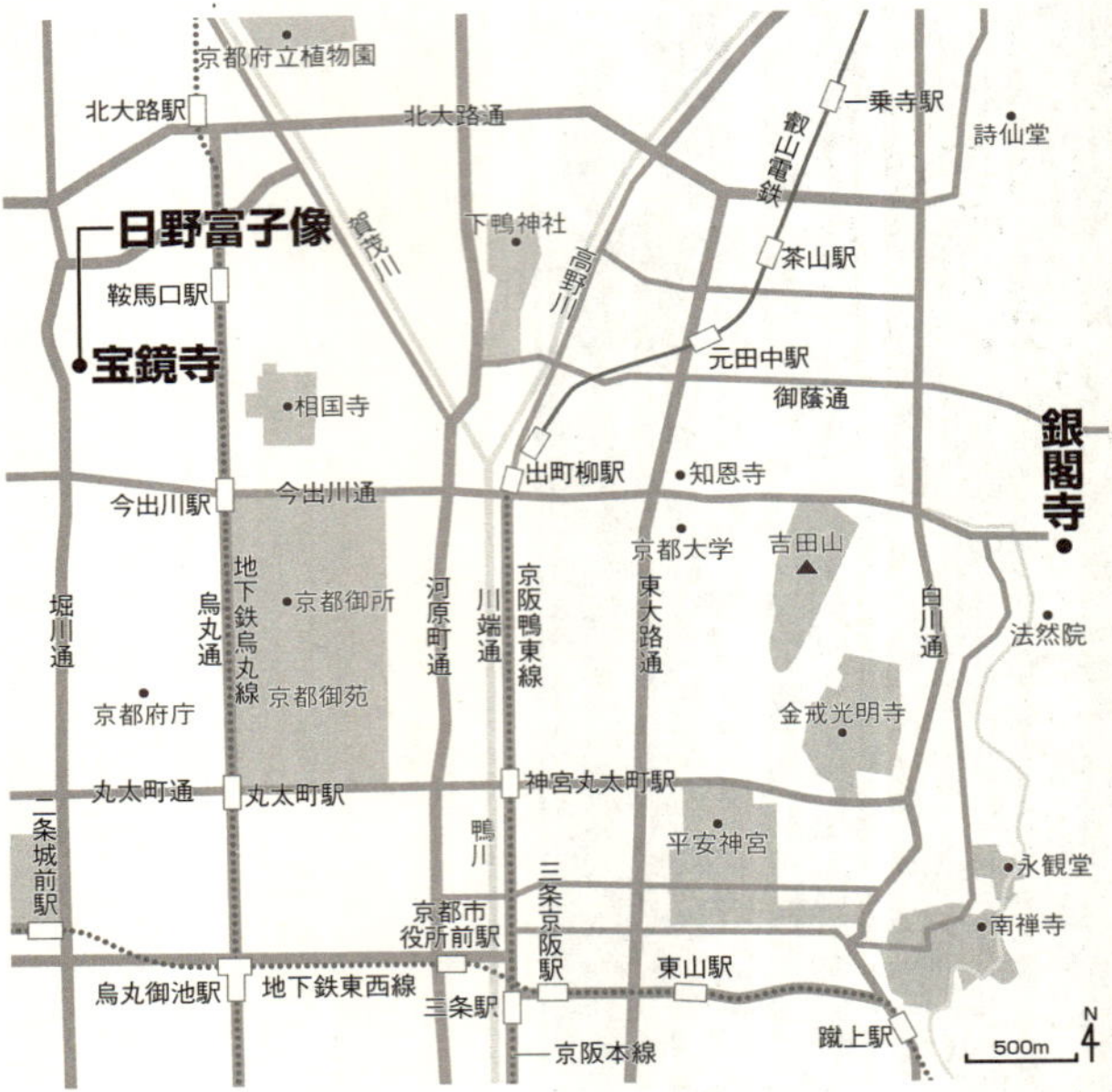

＊この章の主な登場人物

日野富子《ひのとみこ》
足利義政《あしかがよしまさ》
足利義尚《あしかがよしひさ》
足利義視《あしかがよしみ》

●日野富子《ひのとみこ》はほんとうに悪女だったか

その名を聞いただけで冷や汗が流れ、目も眩《くら》むというような大悪人、それも女性の大悪人が、せめて一人ぐらいは京都の歴史にも欲しいところである。べつに、その女を現代に生き返らせて大悪事をやらせてみたいというのではないから――いや、少しぐらいはそう思っている――心配するには及ばないのだが、それがなかなか見つからないのである。

そこで、定説（?）にしたがって、足利《あしかが》幕府第八代将軍義政《よしまさ》の夫人である日野富子のことをとりあげざるをえない。

これこそ、という悪女がいないと半《なか》ば諦《あきら》め、やむをえず日野富子をとりあげるしだいであるから、ことによると一種の〝悪女待望論〟になるかもしれない。

日野富子の人気が湧《わ》かず、どうしても悪女になってしまう原因は、彼女が京都を焼野原《やけのはら》にした応仁《おうにん》の乱《らん》の直接責任者だというところにある。

彼女の夫、つまり将軍義政とのあいだに男子が生まれないので、仕方なく義政の弟である義視《よしみ》を後継者と定めた。ところが、その直後に男子（義尚《よしひさ》）が生まれ、自分の腹を痛めた子を将軍にさせたいという願望が大名の対立に火を注いだのだ、と。

だが、どうもおかしいのである。事実関係にまちがいはないのだが、肝心の、わが子を将軍にさせたいと思ったのが大乱の原因になったというところが、どうもおかしい。

富子の人気を悪くしているのは、このほかにもいろいろあり、たとえば京都の入口に関所《せきしょ》をつくって入京税を取りたて、それをそっくり自分のふところに入れてしまったというのがある。これも事実だが、いわゆる悪政というぐらいのところであって、義尚を将軍にしようとした悪評がなければ、とてもこれだけでは富子＝悪女説の根拠とはなりえない。

ほかに、彼女の産んだ義尚の父親は夫の義政ではなく、実は後土御門《ごつちみかど》天皇なのだという噂があった。スキャンダルとしてはまことに型通りのものだが、応仁の乱が終わってまもなくできたらしい『応仁記《おうにんき》』に書かれていることだ。

この噂がとても信じられない理由はあとで述べるが、たとえ事実であるとしても、責任のあるのは天皇であって富子ではない。だいいち、当時の天皇に、自分の血筋の者をひそかに将軍にしようという野心があるはずもなく、そんな策謀をめぐらしたところで一文《いちもん》の得にもならないのだ。

応仁の乱の直接責任は、日野富子ひとりが負《お》うべきものだろうか。

富子は悪女だったのであろうか。

●似たもの夫婦だった義政と富子

上京《かみぎょう》区堀川通《ほりかわどおり》寺《てら》ノ内《うち》に宝鏡寺《ほうきょうじ》という寺がある。尼門跡《あまもんぜき》寺院で、皇族や貴族の女性が代々の住持《じゅうじ》になっている。宮廷で使われていた物品が下賜《かし》されることが多く、とくに光格《こうかく》天皇の御物《ぎょぶつ》であった人形が納められていることもあって、人形の寺とも呼ばれている。住持が女性で、人形がたくさんあるということから、女性の観光客のあいだに人気が高まってきているようだ。

ここに日野富子の木像がある。彼女は晩年に剃髪入道《ていはつにゅうどう》して妙善院《みょうぜんいん》と号しており、この木像も尼僧《にそう》姿である。

ふっくらと下《しも》ぶくれの、柔和《にゅうわ》な面立《おもだ》ちである。後土御門天皇とのスキャンダルを記録している『応仁記』が「隠《かく》れなき美婦人」と称しているくらいだから、若いころはさぞ美しかったのだろう。

美しいということは悪女の最大要件であるが、彼女はこの美貌を利用する暇もなく、将軍の夫人は公家の日野家から出すという特権的慣習に従って義政の夫人となった。義政の母は日野重子《しげこ》であり、富子には大伯母《おば》にあたる。のちに義視の夫人となる妙音院《みょうおんいん》は富子の妹であり、富子の兄の勝光《かつみつ》も義政側近になるから、義政の身辺は日野氏一族で固められたのである。

富子が義政夫人となったのが康正《こうしょう》元年（一四五五年）、義政二十一歳、富子は十六歳である。

義政という男もただものではなかった。彼が将軍になったとき、足利幕府の権威は、すでにすっかり地に堕《お》ちていた。彼の父であり、先々代の将軍であった義《よし》教《のり》が赤松満祐《あかまつみつすけ》に殺された嘉吉《かきつ》の乱《らん》以来、将軍家の存在は有力大名の競合のうえに保たれることになるのであるが、これを立て直そうという方向の努力を、義政はいっさいやらないのである。

それどころか、逆に、幕府の政務を骨ぬきにしようと一心に努めたとさえいえる。女狂い、建築狂いが人々を呆《あき》れさせるほどの豪華さでつづけられた。『応仁記』には「天下は破れば破れよ、世間は滅ばば滅びよ」ということばが当時の風潮を示すものとして書いてあるが、そのような雰囲気を率先して打ち出していっ

宝鏡寺と境内の人形塚

たのは義政自身だったといってよい。

ところが、そうなるとかえって困るのは守護《しゆご》大名たちだった。国内の荘園《しようえん》をただ武力だけによって自分のものにしてきた彼らだが、武力によって領地を獲得するという論理は彼らだけが独占できる性質のものではない。彼らより下位の、たとえば守護代《しゆごだい》（守護が任命する政務執官。尾張《おわり》の国の守護代織田《おだ》氏のように戦国大名に成長する者があった）クラスの者たちが、「武力なら俺たちにもあるんだ」ということを自覚して立ちあがってくると、これを抑える名目はなかった。

そこで彼らとしては、将軍家の権威によって自分の勢力を認めてもらう必要があり、そのためには、将軍家の形式的な威信が下落しては困るのだった。

将軍の威信などというものは頭から信用していないくせに、ただ自分の勢力に威信をつけるのにこれを必要としている守護大名——富子が嫁入りした将軍家とは、このような状況のなかにかろうじて命脈を保っていた。

●最初の仕事は義政側近の「三魔《さんま》」追放

富子がまっさきに断行したのは、義政をとりまく女性たちの追放だった。大館《おおだて》氏出身の〝お今参《いままい》りの局《つぼね》〟という女性が、なかでも義政のお気に入りであり、彼女と、有馬持家《ありまもちいえ》、烏丸資任《からすまるすけとう》の三人が義政の身辺に侍《はべ》っており、三人ともに「ま」の字がついているところから「三魔」と呼ばれて非難の的だった。

義政が二十一歳になるまで夫人が決まらなかったのは、むしろ遅かったといえ、その原因は、義政側近の多くの女性が連合して反対していたところにあったのだろう。

主義も主張もない女どもが政務を牛耳《ぎゆうじ》っているのに、これを正すべき男どもには何の手も打てない。それを断行したのが富子なのだから、この点でも彼女は高い得点を与えられてしかるべきなのである。

もっとも、そのやりかたはかなり陰湿ではあった。富子が最初に産んだ子が女で、しかも死産に近い状態だったので、これはお今参りの局が呪《のろ》ったのだという話をデッチあげ、その責任を義政にいいたてて近江《おうみ》に追放してしまう。しかも、追放されて琵琶湖《びわこ》を渡る途中のお今参りの局を、沖島《おきのしま》で自害させるところまで手を回していたのだった。

お今参りの局が、富子の追放策に対してどのように反抗を試みたか、詳しいことはわからない。富子がまだ義政夫人にならないころだが、尾張の守護代の人選について御今参りの局が義政に私見を吹きこみ、義政もその通りに任命したという事件があった。

守護代の人選のような重大問題が、しかも守護の斯波《しば》義健《よしたけ》の知らぬうちに決定されたというので、これは大問題になった。自分が任命した守護代でさえなかなか意のままにならないで弱っている守護だから、その任命権さえ取りあげられたのでは、守護たるもの、たまったものではない。

そこをずばりと衝《つ》いたお今参りの局は、かなりするどい政治の腕を持っていたように思える。

守護たちがやっきとなって不平を鳴らしたから、義政は決定をとりやめ、お今参りの局が陳謝させられることでようやく落着した。

だから富子が義政夫人となったとき、お今参りの局の情勢は衰えかかっていたはずなのに、「富子を呪った」という、最後の切り札を出さなければ追放できなかったのだから、相当な女性だったと考えねばなるまい。

富子にくらべればこのお今参りの局という女性のほうが、よほど悪女的な雰囲気を漂わせているように思えるのだが、はたしてどうだろう。

●金《かね》の魅力に魅せられて、高利貸しに

富子にとって不幸だったのは、義政をとりまく女性たちのほとんどを追放したが、その後になっても、そのような女性たちを存在させる将軍家の事情そのものは一向に改まらないことだった。

義政の周りには、女が入らなければ収まりのつかない空洞があいたままだったのだ。富子は、それを埋めねばならぬ人間は自分であることを覚《さと》り、しかもこれを拒否する。そこに入ってしまえば、彼女もふつうの女性だったということになる。ふつうの女性というのは、夫にまとわりつく多くの女性たちを追い出したあとは、必死にその正夫人の座を守り通そうとする女のことである。

しかし彼女は、決してふつうの女ではなかった。

それなら彼女は悪女ではないか――いや、そう簡単に結論を出してはならない。彼女がふつうの女性でなかったというのは、夫の義政が将軍としての政務に一向に精を出さず、建築や造園に熱中することの意味を理解できたというところである。

世間の悪評や天皇の叱責《しっせき》にもへこたれずに、自分の好きなことだけに熱中する義政のことを、おそらく彼女はうらやましいと思ったにちがいない。

それが、当時の貴族女性としてはまことに珍しい個性――自分も何か一つことに打ちこみたい、という衝動にかりたてることになったのだ。

夫に張り合って、というのは正しくなく、むしろ夫に触発されて、というのが妥当な表現だと思う。

そうなってくると、将軍家御台所《みだいどころ》という地位はまことに有利な環境だった。しかも彼女は、その有利な条件をどんなことにでも使ってめちゃめちゃにしてしまうような愚かな女ではなかったから、ただ一つのこと――貨幣にだけ精力を注いだのである。

目のつけどころが、じつにフレッシュだったといわねばならないだろう。

男性どもは、領地などというものに後生大事《ごしょうだいじ》にしがみつき、取ったとか取られたとかの争いに血道をあげるのだが、彼女はそんなものには目もくれない。

室町《むろまち》時代は、いわば貨幣が通貨として登場し、どんな下積みの庶民までもこれとの接触なしには暮らせなくなってきた時代である。それは大名たちも同様なのであるが、彼らは領地への執着から離れられないので、結果的には土地と貨幣という二元的なものの板挟《ばさ》みになって苦しむ。

だが、富子にはそんな問題はない。貨幣をうまく使うと増えてゆく――この神秘的な現象が彼女を夢中にさせたらしいのだ。

とにかく集めさえすればいいのだから、その手段に見さかいはなかった。彼女の基金は山城《やましろ》と河内《かわち》にある将軍家夫人のための御料所《ごりょうしょ》（荘園）からの収入だが、彼女はこれを大名たちに貸したり、米の投機買いをやって利益を独占しようとしたりした。

いつになったら終わるのやら見当もつかない戦闘に苦しんでいる大名に平気で金を貸し、成功するのだから、彼女の利殖の才は相当なものである。西軍の主将である畠山義就《はたけやまよしなり》にも一千貫の銭《ぜに》を貸したが、これだって、べつに彼女と西軍の縁が深いから軍資金を与えて支援したというわけのものでもない。

京都七口《ななくち》といわれた京の入口に関所を新設し、入京する者から伊勢《いせ》神宮や内裏《だいり》の修理の名目で税を取りながら、そのほとんどは自分のふところに入れてしまったらしい。応仁の乱がいちおう終わったあと、この入京税の廃止を要求した大一揆《いっき》が起こり、これはたしかに富子の責任だった。

庶民が土倉《どそう》（高利貸し）・酒屋《さかや》にたいする借銭の棒引き――徳政《とくせい》――を要求し

て立ちあがる徳政一揆が、室町時代には数えきれぬほど起こった。将軍義政にしても、かなりの債務をかかえているから、徳政を発布したほうがいいのである。

しかし富子は反対だった。莫大な銭を高利で貸し出しているのだから、幕府から徳政が発布されれば貸し倒れになってしまうのだ。金を借りなければやってゆけない庶民の窮乏を目の前に見ながら、将軍と夫人の立場が対立しているのだから、彼女が憎まれるのも無理はないのである。

●結局、だらしないのは男性であった

だが、それで富子をなにがなんでも悪女扱いにするのはまちがっているような気がする。彼女の不人気に拍車をかけるのは、夫義政との不和ということであり、むしろこれが富子悪女観の柱になっているといってよい。だが、それは彼女の責任ではない。

夫との仲が良いとか悪いとか、およそそんなことが問題になるはずのない将軍家の状態だったのである。自分の個性を抑えて義政の気に入る妻になっていたと仮定しても、事態に大した変化はなかったろう。

ようやく恵まれた男の子――義尚のことにしても、彼女が将軍に据《す》えようとしたので応仁の大乱の幕がひらいた、という話に至っては、まったく事実と逆ではなかろうか。

義政が弟の義視を養子として次期将軍と決めた翌年、富子が義尚を産んだ。そこでたちまち彼女は自分の子を将軍にしようとして、このことを山名宗全《やまなそうぜん》（持《もち》豊《とよ》）に依頼したというのだが、これはおかしい。

富子が山名宗全に義尚のことを頼んだという記録は、どこにもないらしいのだ。わたしの知るかぎり、母親としては当然だということから出発した憶測記事ばかりである。義尚の誕生と応仁の乱勃《ぼっぱつ》発のあいだが数年でも開いていればともかく、義尚誕生と最初の戦闘とは、わずか十三ヵ月の期間しかないのである。

それに彼女は、跡目《あとめ》相続がこじれて親子兄弟が殺し合うのを体験してきた武家の娘ではない。母性愛はあったろうが、それが、どうしてもわが子を将軍にしたいという願いにあらわれるものかどうか、疑わしいのだ。

将軍義尚の構想をいい出したのは、むしろ山名宗全だったと思う。ライバルの細川勝元《ほそかわかつもと》が義視の後見役になったので、先んじられた山名が横槍を入れたのだ。そっちが将軍の弟なら、こっちは将軍の実子だぞ、というふうに――。

つまり、山名が待ちかまえているところへ義尚を産み落としてしまった富子なのであり、それが悪いというなら、子どもを産んだのがいけないことになり、まったく無茶な論法といわねばならない。

この子は将軍になどならせません、というわけにもいかないのだ。将軍の長男が将軍になるのは、筋としては、きわめて当然のことである。

結局、だらしがないのは男性であった。そこへ、富子のような、やりたいことはどこまでもやる女性が現われると、自分たちのだらしなさの責任を被《おお》いかぶせてしまうのである。後土御門天皇の子が義尚だという『応仁記』の記事は、義尚が生まれて数年後に起こった二人のロマンスを、時期も場所もでたらめに混ぜ合わせたもので、誰か一人を悪人にしなければ収まりのつかぬだらしないジャーナリズムの罪だといえよう。

現金にだけ執着した富子だったから、後世に遺《のこ》したのは宝鏡寺の木像、ただ一つである。

●銀閣寺《ぎんかくじ》を建てたのは日野富子だ

では、義政が東山《ひがしやま》につくった東山山荘（銀閣）について、富子はまったく無関係だったのだろうか。

義政が晩年の精魂を傾けて東山山荘の造営に着手したとき、幕府の政務というほどのものはほとんどなくなっていた。将軍は義尚に代わっていたが、義政もなにかと前将軍らしきことをしてはいた。

それがなんであったかといえば、社交とか寺院、神社への参詣ぐらいのものだった。将軍義尚にしても同様だったといってよい。

そこで当然、将軍と御台所の御料所の経営管理だけが、幕府として唯一の仕事になってくる。富子が思う存分に腕をふるったことはいうまでもないだろう。

足利将軍家の財政、といっても金閣寺《きんかくじ》を造った義満《よしみつ》のころにくらべれば小規模だが、これを支えたのが富子の蓄財能力だといってよいと思う。

彼女の集めた巨額の資金が、そのまま東山山荘の造営に使われたわけではない。義政は造営費の捻出に苦労し、「御山荘要脚段銭《ごさんそうようきゃくたんせん》」という名目の臨時税を徴発《ちょうはつ》しようと計画したほどだった。これはうまく集まらないのだが、とにかく造営が進んだのは、富子が将軍家の財政をしっかりとりしきっていたおかげにほかならない。

富子がふつうの女であったら、政治や経済にはまるで無能の義政が自分で手を下さねばならず、それでは財政などめちゃくちゃになっていたにちがいないのだ。

思いきった想像を許してもらえるなら、富子が義政に対して高利で資金を貸しつけたということもあるかもしれない。山荘造営費を献納させられたのは公家や寺社だが、これもやはりゆとりはない。そこで富子に借りた銭を献納したというふうに考えれば、富子も義政も知らないところで二人のあいだに貸借《たいしゃく》関係ができたこともありうる。

仲が良いとはいえぬ二人だったが、そのもう一つ奥の、好きなこととしかやらぬという点では、富子と義政は互いに許し合っていたにちがいないとわたしは思うのだ。

彼女を悪女であるなどといっていると、それは結局、素晴らしい女性の出現を抑えつけてしまうことにもなり、損をするのは男性だということになる。

銀閣寺

11

大文字《だいもんじ》送り火は誰が始めたか

——京都五山、大文字送り火発祥《はっしょう》の謎

＊この章の主な登場人物
足利義政《あしかがよしまさ》
横川景三《おうせんけいさん》和尚《おしょう》
細川高国《ほそかわたかくに》

●応仁《おうにん》の乱《らん》のおかげで京都の山に船が登った

八月十六日の夜、京都をとりまく五つの山に「大」や「妙法《みようほう》」の字をかたどった精霊送《しようりようおく》りの火が点火される。

長く燃えてもせいぜい二十分ほど、まことにあっけないが、七月の祇園会《ぎおんえ》に始まった京の夏が、この夜で終わる。大阪あたりから大型バスを仕立てた観光客が乗りこんでくるようになり、いまでは信仰の火であるよりは観光行事のイルミネーションといった感じが強い。

だが、大文字《だいもんじ》など五山の山腹に刻みつけられたデザインの奇抜な発想の意味を考えるには、べつに夏に限らない。淡雪《あわゆき》の朝など、夏よりはかえって趣《おもむ》きぶかく眺められるのである。

東京の場合、関東大震災と太平洋戦争と、都市としての性格を一変させたという点では、どちらの影響が大きかったのだろう。太平洋戦争のときの爆撃は東京の大半を焼いてしまったのだが、東京都という有機体の生命に変化を与えたという点でみれば、関東大震災の影響もいまだに軽視できないような気がする。

京都の場合、これはなんといっても応仁の乱であって、明治維新《めいじいしん》のときの騒ぎは町の性格を一変するというところまではいっていない。

応仁の乱のあと、焼野原《やけのはら》に新しい京都の町をつくった人々は素晴らしいセンスを持っていた。

彼らは、山の上に一艘《いっそう》の船を押しあげてしまったのである。北区の西賀茂《にしがも》、京都市内を見下ろす妙見山《みょうけんざん》の中腹に、「大文字送り火」の一つ、「船《ふな》がた」がある。

毎年八月十六日夜、盂蘭盆会《うらぼんえ》の送り火が京を囲む三方の山に灯《とも》る。銀閣寺《ぎんかくじ》の裏山、如意ヶ岳《にょいがだけ》に灯る大文字の火がいちばん有名なので、ふつうは「大文字送り火」の名で通っている。

右（東）から順に「大」（如意ヶ岳）、「妙法」（松ヶ崎《まつがさき》）、「船がた」（西賀茂妙見山）、「大（左大文字）」（大北山《おおきたやま》）、「鳥居《とりい》がた」（曼荼羅山《まんだらやま》）の五つだから、「五山の火」ともいう。昔は、このほかにも「い」や「蛇」などがあったらしいのだが、いつのころからか五山だけになったのである。

どうでもいいことだが、金閣寺の裏山（大北山）にあるのはふつう「左《ひだり》大文字」と呼ばれている。如意ヶ岳の大文字とこれとを一度に見る位置に立つと、如意ヶ岳が右、大北山が左に見え、それで「左の大文字」と呼ばれたように思われ

京都の送り火「左大文字」

るが、左京・右京の呼びかたからもわかるように、京都における左右は、南を向いて立つときの左と右である。つまり、大北山は右である。

別に一説あり、「大」の字の左の第二画《かく》が少々長すぎるところから「左が大きい大の字」という意味だそうである。ほかに、この「大」の字を書いたデザイナーが左利きだったから、という説もあるらしい。だから、「左が大きい大の字」という説が正しいのかもしれぬ。

もっとも、「左にある大の字」説もまったくのまちがいではない、とも考えられる。応仁の乱の直後の京都は一面の焼野原、雲雀《ひばり》の盛んに囀《さえず》る声が聞こえたというほどである。いろいろとやかましい古いしきたりといっしょに、左右を分ける基準にこだわる気持ちなど、きれいさっぱり吹きとんでしまう状態だったのかもしれない。

となれば、本来なら右というべきところを、うっかり左と呼んでしまったミステイクは、京都の歴史の上ではなかなか興味ぶかいものだということになる。

●大文字送り火は薄幸の将軍の霊を慰めるため

さて、妙見山の「船がた」であるが、これは一本マストに帆をあげた船のデザインになっている。

京都の人は、地面を素材とした造型がよほど好きだといえるようだ。平安京は、まさに地面に刻みこんだフィールド・アート（野外芸術）の雄大なものであり、この送り火がまたそうである。

山の中腹に図形を描いて火を灯し、夜の町から拝《おが》みあげて精霊を送るという着想は、それだけでもきわめて奇抜である。帆走《はんそう》する船の姿を焼きつけるに至っては驚くべきものというほかないだろう。このデザイナーはどんな人だったのだろうか。

「船を山にあげる」発想の根拠はどこにあったのだろうか。

京都の山々に火を灯す精霊送り、これがいつごろから始まったものなのか、すこぶるはっきりしないのである。だいたい足利義政《あしかがよしまさ》のころといわれているのだが、文献のうえではじめて出てくるのは慶長《けいちょう》八年（一六〇三年）が最初で、それより遡《さかのぼ》っての記録はいまのところ見当たらないようだ。

しかしわたしは、足利義政のころに始まったという、かすかないい伝えを信じたいと思う。それはすなわち、わずか二十代半ばで陣中に没した息子義尚《よしひさ》の霊を慰めるため、相国寺《しょうこくじ》の横川景三《おうせんけいさん》和尚《おしょう》のすすめで義政が始めたものだというい伝えである。

まことに義尚ほど不運な星のもとに生まれた人間もいないだろう。前章で述べたように、生母の日野富子《ひのとみこ》によってがむしゃらに将軍候補に押しあげられたという風説が、生後一年にしかならない義尚の身にまとわりついていたのである。

「この戦争（応仁の乱）の責任はお前だ。お前さえ生まれなければ――」という非難のなかに彼の少年時代は送られた。将軍にはなったが、父の義政も母の富子も、ライバルの叔父義視《よしみ》も、将軍としての彼をまったく認めていない。

そのまま、義尚は死んでしまったのである。

●戦乱はただ一人のヒーローも生まない

家を焼かれ、各所に避難しなければならなかった京都市民は応仁の乱の戦争被害者であったが、戦乱が終わったとき、生き残った彼らは、義尚という一人の人物の運命に同情することを忘れなかったと思う。

応仁の乱は、たった一人のヒーローさえつくらなかった。誰が勝ったのかも判然としない。歴史的には、大内《おおうち》とか織田《おだ》といったような下層の武士が覇権《はけん》を握るが、それは地方のことであり、京都とは関係ない。

犠牲者の屍《しかばね》と焼跡だけを残された京都の市民のほかに、義尚という一人の人物像に凝縮《ぎょうしゅく》された戦死者の霊を慰めるものはなかった。

記録はないそうだけれども、如意ヶ岳の大文字と義政との関係はありうる。ありうるというよりは、これはもう、切っても切れない関係なのだ。

だれでも知っているとおり、如意ヶ岳は銀閣寺《ぎんかくじ》の裏山である。義政は、不足がちな資金をやりくりして銀閣寺を造営しているうち、裏山の斜面に、あるイメージを抱いた。これをそっくり残しておきながら、なおかつ人々をアッと驚かせ、自分の美的欲望を満足させるような一大モニュメントを刻みつけておこうと思ったのではないだろうか。

銀閣寺と如意ヶ岳大文字とは、いうなればこれでワン・ペア（一対）なのだと考えてみたいところだ。

もっとも、義尚の霊を慰めるためにと義政が本気で考えたのかどうか、それはだいぶ眉唾《まゆつば》ものだといってよい。

義政と富子——この夫婦を世間なみの基準で考えることはできない。息子義尚の不運を自分たちの責任として考えるような彼らだったかとなると、わたしの感じは否定的になる。

だから、これを義尚と結びつけたのは生き残った京都市民なのだと思う。陰謀をめぐらし、武器をもって戦闘に勝ち残ったわけではないが、生き残ったという負《お》い目を率直に示しているのが彼らだったと思う。

五山に残る精霊送り火の起源が義政にあるというかすかないい伝えに固執するのは、戦後十五年もたたぬうちに四分五裂《しぶんごれつ》の無惨な状態になった原水爆禁止運動のことが念頭を去らないからである。「やすらかにねむってください」と死者を慰めるところまでは、応仁の乱後の京都市民とわれわれとは似たようなものである。

だが、このあとがらりとちがってくる。われわれは「あやまちはくりかえしません」と、つまり死者の霊に誓ったのだが、彼らはそうでなく、霊を慰めた以上、あとはこっちのものといっているかのように、夏の一夜を踊り明かしたのだ。霊を慰めるからには、それ相応の生の肯定によって裏打ちされていなければならぬはずであり、彼らのほうが論理のバランスを保っていたようだ。

応仁の乱後、京都を中心に爆発的な流行を示したといわれるのが、風流《ふりゅう》踊りだった。この中心となったのは、念仏を唱《とな》えながら踊る宗教運動だったが、踊りというスタイルだけが念仏をはなれて一人歩きしはじめたあと、かえって流行の速度をはやめたわけだ。

たまりかねた足利幕府は、管領細川高国《かんれいほそかわたかくに》をして踊りを禁止すると布告させたほどである。

このとき、ともに禁止されたのが、火つけ・辻斬《つじぎ》り・盗人《ぬすっと》などであったから、庶民の踊り狂うさまがどれほど為政者を悩ませたか、およその想像ができる。

京都の踊りは、三方の山の中腹に灯された火によって、あかあかと照らされていた。いまは観光ショーの色彩が濃く、薪も集めにくくなっているから、せいぜい二十分間ほどで消えてしまう。昔はもっと長時間のものだったろう。おのおのの町組（いまの町内会）や村では踊りの輪ができて、山の親火から分けて運んできた火で灯籠《とうろう》に点火するしきたりだったのかもしれない。

●「妙法」は烽火《のろし》、「船がた」は朱印船《しゅいんせん》

二つの「大」と「鳥居がた」はなんとなく意味がわかるが、「妙法」と「船がた」は説明が要《い》る。

松ヶ崎は延暦寺《えんりやくじ》の領地であり、歓喜寺《かんぎじ》が支配していた。ところが日蓮《にちれん》の遺弟日像《にちぞう》が京都に布教《ふきよう》したとき、歓喜寺の僧がまっさきに改宗、領民を強く説得した結果、一村ことごとく法華《ほつけ》の信徒となった。これを記念して「妙法」の点火と題目踊りが始まったといわれている。

日像の京都布教が十三世紀末だから、「妙法」の点火と題目踊りが改宗と同時に始められたとすると、五山送り火の最初は松ヶ崎であったのかもしれない。

しかし、天台の領地のまっただなかに「妙法」を高々と点火するには、よほど

松ヶ崎法華の勢力が強くなっている必要がある。やはりこれは応仁の乱後、天文《てんもん》法華一揆《ほっけいっき》を起こすほどにまで強くなってからのことだろう。「妙法」は、その戦いの烽火《のろし》として始まったのではなかろうか。

松ヶ崎の題目踊りはいまも残っており（八月十五・十六日）、送り火と地元の行事とが昔のままつづいている珍しい例だ。

送り火のいわれもいろいろあるのだが、西賀茂の「船がた」になると、実は、ほとんど推測の域を出ないのだ。いちばんふつうにいわれるのは、この船は精霊流しの船だろうという説である。説、などとかしこまる必要もないが、そう思って改めて見ると、なるほどこれは合理的なデザインである。送り火を灯籠にして流すのが精霊流しであるから、船のかたちに火をつけてしまえば、山の上で精霊流しができることになる。

もう一つは、朱印船貿易の船だという考えである。ともとへさきが、ぐうっとそりあがっているかたちは、たしかに朱印船の姿だ。

これはむしろ、イメージの転換ということで考えればいいのではないかと思う。おそらくはじめは、単に精霊船だったのだろう。それは江戸時代のはじめになって、嵯峨《さが》の角倉家《すみのくらけ》が派遣した朱印船のイメージを抱きこんでゆき、それが禁止されてからは、海外渡航の夢を託すものとしての意味がかえって強く込められてきたのではなかろうか。

造形の発想は、いったんかたちをとってしまったあと自由に変えられる。変えられる発想こそ、すぐれた造形であるといえるわけだから、われわれがこれをどう見るかということが問題なのだ。

12

なぜ秀吉《ひでよし》は聚楽第《じゅらくだい》を破壊したか

――利休《りきゅう》切腹・秀次《ひでつぐ》殺害と〝伏見城《ふしみじょう》造営〟の謎

＊この章の主な登場人物

豊臣秀吉《とよとみひでよし》
豊臣秀次《とよとみひでつぐ》
千利休《せんのりきゅう》
お吟《ぎん》

●〝京都を城下町にする〟という秀吉《ひでよし》の野望

太閤《たいこう》秀吉は、どんなことでもやれる男だった。どうやら彼は、源頼朝《みなもとのよりとも》以来の武家政治の常識をことごとく打ち破ってやろうと考えていたらしい。

征夷大将軍《せいいたいしょうぐん》になって幕府を開くなどという頼朝のやりかたなど、馬鹿らしくてできるものかと思っていた。大将軍といえば聞こえはいいが、要するに武士のボスであり、天皇の臣下であるにすぎない。だいたい、この野放図《のほうず》な男は、自分は武士であるからこうするというような考えには縁がなく育ってきている。好きなことをやるには武士になるのがいちばんよさそうだ、ということから武士になっているにすぎない。

だから、いきなり関白《かんぱく》になってしまった。天子が日本でいちばん偉いのだが、どうやら天子を動かしているのは関白だというのを知ると、さっさと関白になってしまうのである。摂政《せっしょう》はちょっと遠慮したところが、いかにも正直だ。

関白にしても、これは近衛《このえ》・鷹司《たかつかさ》・九条《くじょう》・二条《にじょう》・一条《いちじょう》の五摂家《ごせっけ》から出ることになっていたから、秀吉もあわてて、その大本《おおもと》の藤原《ふじわら》を名のる。だが、やはり藤原は具合が悪いと考えなおし、豊臣《とよとみ》という姓を創始することにして、それを認めさせてしまうのである。

この、なんでもやれた秀吉にして、ついにできなかったことが一つあった。京都を、城下町に仕立て直すことである。これだけはできなかった。

そこで彼は、京都南郊の伏見《ふしみ》に目をつけることになるが、京都が秀吉の野望に反して城下町にならずじまいだったのは、なぜだったろうか——？


われわれは、現在、織田信長《おだのぶなが》・豊臣秀吉によって天下が統一されたといい、そのことば自体については疑問を抱かない慣習になっているが、少し捻《ひね》って考えてみると、おかしなことで、天皇は連綿とつづいているのに、なにもいまさら天下統一もないじゃないかという気になる。

これはなにもわたしの偏見ではなく、秀吉をむかえたころの京都人全体の気持ちではなかったかと思う。

信長と秀吉の手で天下が統一されたと思いこんでいるわれわれは——別に誤解というわけでもないが——統一政権の首都としては、やはり京都になるのが当然だとして怪しまないのである。

だが、京都人にとって、これは意外なことであったと思う。

むさくるしい男どもが、しかし精いっぱい着かざって、「統一じゃ、統一じゃ！」と叫んで入ってくるのだが、京都人のほうでは、「あんた、なにを興奮してますねん、別に変わったことも起こってませんが」というぐらいの調子だったと思う。

●城下町京都の名残りが北野天満宮《きたのてんまんぐう》のお土居《どい》

だが、とにかく秀吉は城下町京都への大改造に着手した。戦国時代の名将は築城の名人でもあるわけで、秀吉もその例に洩《も》れない。ただし、京都はすでにできあがった都市としての歴史を持っているから、これを根本から造りなおすというものではなかった。

いちばん大きな工事は、京都の四囲に「お土居《どい》」をめぐらし、洛中《らくちゅう》と洛外《らくがい》とをはっきり遮断《しゃだん》したことである。「お土居」は、平安京《へいあんきょう》造営のときにやりのこされた羅城《らじょう》建設を八世紀後に完成したという性格のものになったが、平安京が机上の設計図どおりに遮二無二《しゃにむに》造られたのにくらべ、「お土居」ははるかに現実的なプランに沿っていた。

城内（洛中）の区域を明確にし、外敵の侵入に備えるという政治的軍事的な意味のほかに、東の鴨《かも》川と西の紙屋《かみや》川の二本の河川《かせん》から洛中を守る洪水対策の目的もおかれたのである。

天正《てんしょう》十九年（一五九一年）に完成されたお土居がどのあたりを走っていたか、正確に復元することはむずかしいという。だが、それが洪水を防ぐのにどんなに役立つものであったかということは、鴨川堤防に立ってみればよくわかるのである。

葵橋《あおいばし》の西詰《にしづめ》から堤防上の自動車路を少し北に走ってみる。左側（西）の地面と鴨川の水位とがほとんど同じであることに驚くだろう。

この堤防は秀吉の造ったお土居ではないが、軌線はほぼ同じだと考えてよい。暴れ川の鴨川は、これで抑えられ、しかも、軍事的には京都を守る外濠《そとぼり》となるのであった。

周囲約二三キロメートルに及んだお土居も、いまは北野天満宮と紙屋川とのあいだにわずかに残るだけになってしまった。ついでにいうと、ＪＲ京都駅の一番線（現・〇番線）プラットホームが南辺のお土居に当たるといわれ、京都の玄関の新旧が、なにかの因縁に結ばれているようだ。

秀吉が定めた洛中の区域は、平安京の南北の軸にくらべて三分の一ぐらい東に移動した結果になっている。その新京の中心は、やはり秀吉の造営した聚楽第《じゅらくだい》（聚楽城）であった。

現在の通りでいうと、東は堀川《ほりかわ》通り、西は千本《せんぼん》通り、北を元誓願寺《もとせいがんじ》通り、南を押小路《おしこうじ》通りで囲まれた地区が聚楽第の外部であったといわれる。しかもそこには、かつての平安京の内裏《だいり》跡が含まれていたのである。応仁《おうにん》の乱《らん》後、内裏は現在の御所の場所に、それもごく規模を縮小して移っていたが、秀吉はその跡を中心に居城を置いたのである。それは、名実ともに秀吉が京都の支配者となったことを宣言することでもあった。

●聚楽第は桃山《ももやま》文化の建築の起源

天正十六年（一五八八年）、秀吉はこの聚楽第に後陽成《ごようぜい》天皇を迎えて五日間の盛大な宴を催した。秀吉の権威は、天皇によって承認されたのである。

その聚楽第だが、わずか八年後に秀吉自身の手で破壊されてしまう。いまでは聚楽の名をつけた地区と小学校、あるいは聚楽第の周囲に居《きょ》をかまえた大名に由来するいくつかの町名によってしか往時を偲《しの》ぶことはできない。

いやもう一つ、松屋町《まつやまち》通り下長者《しもちょうじゃ》の角近くに「梅雨《つゆ》の井」と呼ばれる古井戸が残っている。当時の場所が変わらずに残っている聚楽第の遺跡としては唯一のもので、近年までは飲料に使われていたのだが、いまはすっかり忘れられ、豪勢な聚楽第の往時を偲ぶには侘《わび》しすぎる。

聚楽第の遺構《いこう》（もとの建築の残存物）は、ほとんどが伏見城に移され、その余りは大徳寺《だいとくじ》の唐門《からもん》と西本願寺《にしほんがんじ》の飛雲閣《ひうんかく》になっているという。その伏見城も破壊されて遺構が各所に移されていったから、いわゆる桃山文化の建築の起源は聚楽第にあったということになろう。

秀吉のやりかたは、すべてにわたって豪華で強引、かつまた絢爛《けんらん》であった。彼が造った方広寺《ほうこうじ》大仏殿《だいぶつでん》の、あの巨石を組みあげた石垣を見ればよくわかる。なかに安置する仏像も、とにかく大きければよいというわけだろうが、鋳造《ちゅうぞう》などまだるっこくていけない、早く造るには木製だといって、高さ一九メートルもの仏像を造らせたのである。

ただし、木造では地震に弱い。建造八年目の大地震で、これは完全に崩れてしまった。武士の倫理に縁遠いのと同じで、この男には、末代までのことを考えるということが苦手《にがて》だったように思える。

●あさましいばかりの利休《りきゅう》への報復

秀吉が京都を撤退《てったい》して伏見城に移ったのは、文禄《ぶんろく》四年（一五九四年）である。だからここで、京都における秀吉の功罪を要約しておく必要があろう。

一言にいって、京都における秀吉の評判はよくない。大坂のそれとはくらべものにならないといっていいだろう。現在の市中の特徴になっている縦横の町割りをしたのも秀吉だし、大坂から本願寺を持ってきたのもそうだ。だいたい、この本願寺がなければ、江戸時代の京都がどうなっていたやら知れたものではない。日本人の観光旅行は京都を起点にしているが、そのなかで本願寺の占める重みは測りしれないのである。

その割に、秀吉の評判はどうもよくない。

氏《うじ》も育ちもよくないのは事実だから、京都人に好かれる基礎資格がないといえばそれまでのこと。だが、これはともかく、利休と秀次《ひでつぐ》を殺したというのがかなりひびいているようだ。

利休が切腹したのは天正十九年（一五九一年）二月二十八日、聚楽第横の自宅である。上杉景勝《うえすぎかげかつ》の率いる三千の兵が利休最期の警戒にあたっていた。

秀吉が利休に切腹を命じた理由については、当時からいろいろいわれ、それだけに謎の死といった印象が強い。二人はともに信長の家来であるが、秀吉が権力を自分の手に集中させてゆくのにつれて、利休も単なる茶道《さどう》の宗匠《そうしょう》という枠《わく》をこえた存在にのしあがってきていた。秀吉に対して全面的に服従していない大名のなかには、この利休を楯《たて》にして陰に陽に反抗を試みるものがあったと思われ、利休自身もまた、そのような期待を十分に意識しながら自分の茶の世界を組み立てていた。

大徳寺山門の増築を援助し、これに雪駄《せった》（裏に牛皮を張った竹皮草履《ぞうり》、利休が創案したという）をはいた自分の木像を揚《あ》げたこと、茶器の鑑定に不正をはたらいたこと、娘のお吟《ぎん》を秀吉にさし出さなかったこと――切腹について原因といわれるこれらのものが、秀吉配下の大名たちの対立の一つの渦《うず》である利休の立場と重ねられたとき、秀吉には我慢できぬところとなったのだ。

利休の屋敷近く、堀川にかかる一条戻《もど》り橋に、まず問題の木像が大徳寺山門か

大徳寺山門　秀吉の怒りをかった利休像が置かれた

ら引き下ろして運ばれ、磔《はりつけ》になった。

一方、利休の生首《なまくび》は実検《じっけん》のために聚楽第に運びこまれたが、秀吉はこれを拒否、ただちに一条戻り橋に曝《さら》された。利休の首は、さきに磔になっている自分の木像の雪駄によって踏みつけられるように置かれたというのだから、あさましいばかりに念の入った報復だった。

大徳寺山門上の利休の木像は、これをくぐって通る者（秀吉）の頭を踏みつける意図を持つのだと、すでに噂があった。そんなに頭を踏みたいなら、そら、自分の生首でも踏んでみろという、秀吉のどす黒い洒落《しゃれ》だったかもしれない。

としても、京都人は、こういうふうにズバリとやるのも、やられるのも嫌いだ。どんなに卑劣でも、じわじわ真綿で締《し》めつけるやりかたのほうがまだましだと思っている。つまり、黙って見ていれば何事もないわけだ。

●別称に〝殺生関白《せっしょうかんぱく》〟を奉られた秀次

秀吉の甥《おい》である秀次は天正十九年、つまり利休切腹の年に関白となり、聚楽第の主人となる。だが、太閤となった秀吉が実質的な支配者であったのはいうまでもなく、「茶の湯・鷹狩《たかがり》・女狂いなど、秀吉のまねをしてはならぬ」という意味の誓約をさせられたというのだから、まったく不愉快な関白就任であったろう。「殺生関白」の別称がつくほどの乱暴な所業がつづいたのも無理はない。

最初の子、鶴松《つるまつ》が死に、もうだめだろうとあきらめていた淀君《よどぎみ》とのあいだに二番目の子、秀頼《ひでより》が生まれると、秀吉はさっそく、この秀次を消すことにした。

文禄四年（一五九五年）に、まず秀次を高野山《こうやさん》に追放しておいてから自害させ、首を三条《さんじょう》河原《がわら》に運んで曝す。次に秀次の側室、愛妾三十四人と子ども五人を、同じ三条河原に引き出して斬《き》り殺した。総勢四十人をこえる、それも女、子どもばかりの集団処刑というのはほかに例を見ない。

秀次がいた聚楽第は、建造後わずか八年で、徹底的に破壊されてしまった。

●伏見城造営にかこつけた京都撤退

秀吉が京都を城下町に改造する計画を断念したのはこのときである。聚楽第八年の短い歴史のなかで秀吉の犯した二つの殺戮《さつりく》——利休と秀次——は、自分の最も身近な人を追い立てて殺したものである。お土居も聚楽第も、それを防ぐことができず、かえってその舞台を提供することになった。いわば秀吉は、わざわざ京都に乗りこんできて残忍な二大殺戮を演じてみせたようなものであった。

伏見へ移るのは、京都での〝芝居〟を打ちあげたい意味でもあったし、ついに実現できなかった京都の城下町改造を、一歩遠ざかったところではじめからやりなおす意味でもあった。

だから伏見は、京都の身代わりになったような性格の城下町として出発したのである。

地図を見るのもいいし、もちろん実際に行ってみるほうがいいのだが、伏見で驚くのは、町の呼び名がひじょうに変わっていることだ。毛利長門《もうりながと》・金森出雲《かなもりいずも》・永井久太郎《ながいきゅうたろう》・松平武蔵《まつだいらむさし》・井伊掃部《いいかもん》・長岡越中《ながおかえっちゅう》・水野左近《みずのさこん》などというなじみの深い大名武将の屋敷跡が、いまそのまま町名として残っているのである。

そういえば、京都の聚楽第の周囲にも武将の屋敷跡があり、町名に名残りをとどめてはいるが、数は少なく、その武将も秀吉側近にとどまっていた。秀吉には、戦国大名の争いに勝って最初に京都入りを果たした信長の後継者としての性格があるから、聚楽第には前線陣地という私的な意味があった。いかに第一人者とはいえ、すべての大名を京都に集めるというわけにはいかなかったのだ。

だからここで、京都から伏見への移動は、利休と秀次という、私的であり、かつ古くさい因縁《いんねん》を振り捨てた秀吉の前進だったのだと考えなおす必要があるだろう。

王朝の歴史と町衆の自治意識が秀吉の城下町改造を断念させたと、そうすんなりとは考えにくいのであり、京都はこれでよしという見きわめが秀吉にあったのを否定できないと思う。

さて、また伏見に戻ってみるが、伏見城そのものは標高百余メートルの山の頂《いただき》に造られた山城《やまじろ》である。いまは鉄筋コンクリートで復元された城が建っていて、かなり大規模な遊園地になっている。

眺望《ちょうぼう》はたしかにいいのだが、戦略的に考えて、この山城が優秀であったかどうかとなれば、いささか疑問であろう。どうしてもわたしには、秀吉が伏見城をただの政庁ということでしか考えていなかったのではないかと思えてならないのである。

ということは、合戦はもう起こるはずのないこと、自分のつくった政権は永久政権だという幻想に彼がとりつかれていたということになってくる。

太閤秀吉がこの伏見城で死んだのは慶長三年（一五九八年）であった。秀吉死後の伏見城は前田玄以《まえだげんい》と長束正家《なつかまさいえ》が守ることになっていたが、これを無視した徳《とく》川家康《がわいえやす》は平然と入城した。関ヶ原《せきがはら》の合戦《かっせん》は、まずこの城をめぐる攻防戦から始まったのであった。

13

なぜ〝京おんな〟は心中《しんじゅう》が嫌いか

——京の吉野太夫《よしのだゆう》だけが生き残った謎

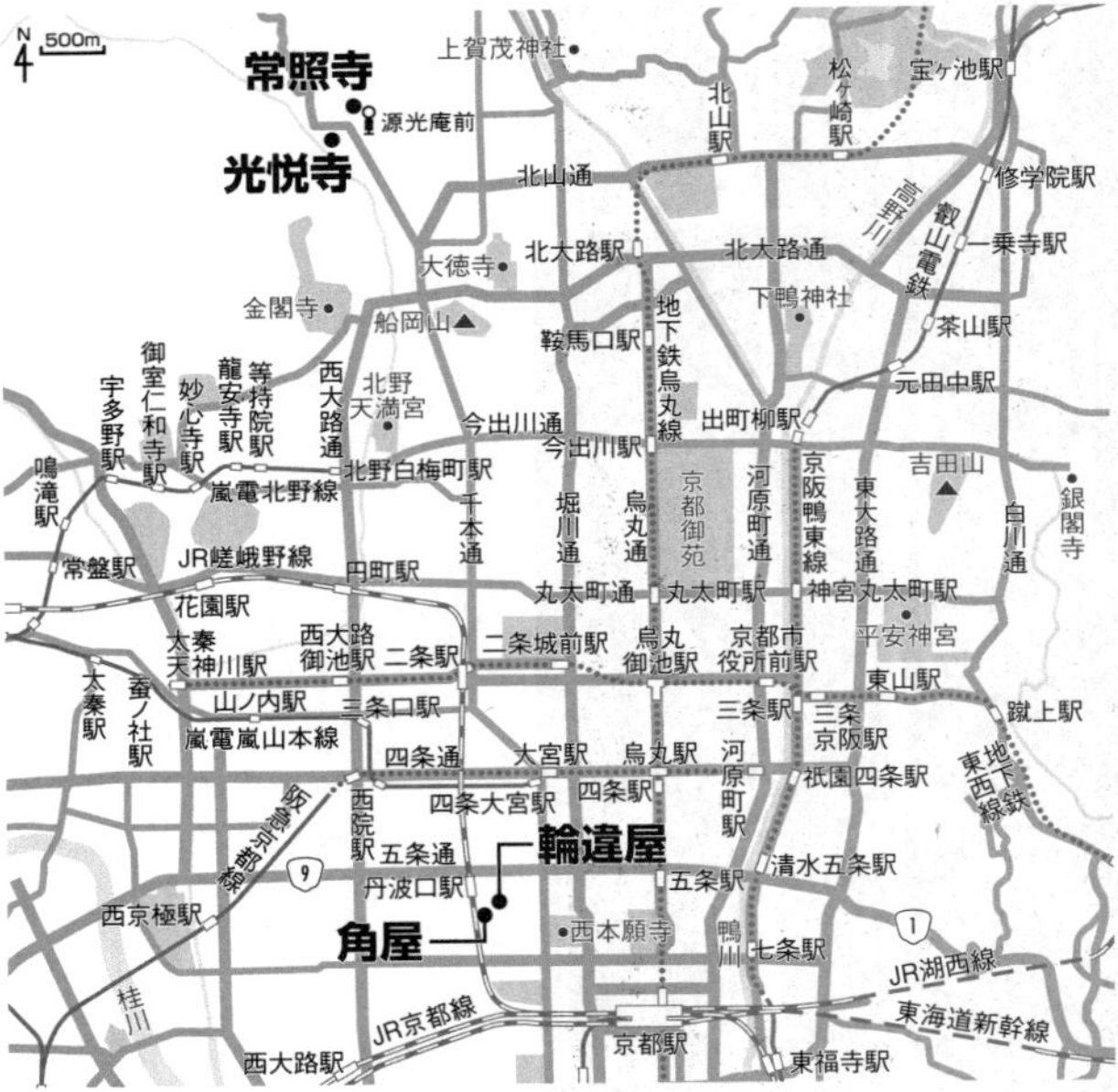

＊この章の主な登場人物

吉野《よしの》太夫《だゆう》

灰屋《はいや》紹益《しょうえき》

本阿弥《ほんあみ》光悦《こうえつ》

八百屋《やおや》お七《しち》

天満屋《てんまや》お初《はつ》

●〝京おんな〟の代表が吉野《よしの》太夫《だゆう》

鷹ケ峰《たかがみね》の光悦寺《こうえつじ》近くにある小さな寺、山門が赤く塗ってあるのですぐわかる。常照寺《じょうしょうじ》といい、日蓮宗《にちれんしゅう》の学寮でもあるのだが、山門を入ってすぐ右手にある帯塚《おびづか》と、裏手の墓地のなかの、おびただしい卒塔婆《そとうば》が周りに立てられている一基の墓碑に参詣する人がひじょうに多い。

京都の名妓《めいぎ》・吉野太夫の墓がこれだ。吉野は吉川英治《よしかわえいじ》の『宮本武蔵《みやもとむさし》』に出てきて有名になり、古くは井原西鶴《いはらさいかく》の『好色一代男《こうしょくいちだいおとこ》』で世之介《よのすけ》の恋の相手をつとめたりすることから、あれは架空の人物だと思っている人が案外多いらしい。あまり有名になりすぎると、かえって事実であることから浮かびあがってしまう、よい一例である。

吉野は実在の人物であった。武蔵と会ったという話はフィクションだろう。無名の剣法家が相手になるには吉野はあまりにも格の高い遊女だった。彼女についていわれてきた多くのことがら、たとえば詩歌《しいか》・管弦《かんげん》・香道《こうどう》・茶道《さどう》・碁《ご》・双六《すごろく》などといった諸芸に秀でていたこと、本阿弥光悦《ほんあみこうえつ》など当代一流の文化人と交際を深めていたこと、そして灰屋紹益《はいやしょうえき》との恋愛結婚まで、そのほとんどは事実なのである。

スターや人気者が、ある程度までは人工的に作られていくのはいうまでもないが、現代風にいうと、彼女には人気を受けとめるだけのちゃんとした実力があり、しかもその人気の絶頂から、商家の平凡な妻へと転身した。

しかも、それで終わったのではない。灰屋紹益の妻として立派につとめ、わずか三十八歳の若さで死んだ。使いきれなかった実力が死後の彼女をさらに有名にしている。

いわゆる「京おんな」というイメージは、この吉野太夫を原型に生まれてきているとわたしは思う。

だから、「京おんな」を代表するのはこの吉野太夫であるといっていい。紫式部《むらさきしきぶ》あたりからはじまって今日まで、京都の歴史を代表する女性は多いけれども、なぜ吉野太夫だけが京おんなであるかということは、おいおい書いてゆく。

常照寺の吉野太夫の墓

●江戸・お七《しち》、大阪・お初《はつ》との違い

京――吉野太夫
江戸――八百屋《やおや》お七
大阪――天満屋《てんまや》お初

三都の女をわたしなりの基準でえらんでみたのだが、お七とお初をよく知らないと、あとの話が書きにくいので、簡単にその経歴を紹介しておこう。

＊八百屋お七――天和《てんな》二年（一六八二年）十二月の江戸大火にあい、避難《ひなん》していた寺の小姓《こしょう》・吉三郎《きちさぶろう》と恋仲

になった。実家に戻ったが、火事にさえなれば、吉三郎に再会できると思いこみ、放火。火あぶりの刑に処せられた。事件のあと歌祭文《うたざいもん》（フォーク・ソング）によって語り広められ、井原西鶴『好色五人女《こうしょくごにんおんな》』の一話に取材された。

＊天満屋お初——大阪北新地《きたのしんち》天満屋の抱女《かかえおんな》（遊女）。内本町《うちほんまち》の醤油屋平野屋《ひらのや》の手代《てだい》、徳兵衛《とくべえ》と馴染《なじみ》を重ねていた。徳兵衛は平野屋主人の姪《めい》と結婚させられることになり、お初もまた武士の客に身請《みうけ》される話が決まったので、元禄《げんろく》十六年（一七〇三年）四月、大阪曽根崎天神《そねざきてんじん》の森で心中《しんじゅう》を遂げた。近松門左衛門《ちかまつもんざえもん》『曽根崎心中』のモデル。

三人をくらべてみて、ある事実に気づかないであろうか。

京おんなの吉野太夫だけが終わりを全《まっと》うしていて、あとの二人は、激しい生命を燃やして、劇的な死にかたをしている。

京おんなは心中が嫌いなのか。

京おんなは、ずるく、うまく立ちまわるのか。

そもそも、京おんなとはいったい何だろう？

●島原《しまばら》のおいらん道中で吉野太夫を偲《しの》ぶ

吉野太夫は、いまだに、京おんなの第一人者である。

彼女が名妓としての名声を天下にひびかせ、灰屋紹益に身請されたころ、京都の遊郭《ゆうかく》はまだ六条柳町《ろくじょうやなぎまち》（三筋町《みすじまち》）にあった。これが島原に移されたのが寛永《かんえい》十八年（一六四一年）だから、吉野は島原を知らないのであるが、彼女を偲ぶには、やはりまず島原に行ってみるよりほかはない。

角屋《すみや》とか輪違屋《わちがいや》など古めかしい建築が残っており、そのなかで公卿《くぎょう》や大名・富商などの相手をしていた遊女たちより、建築そのもののほうが貴重であるようにさえ感じられる。

だが、われわれは京おんなを偲ぶために島原へ行くのであるから、いまも数名いる太夫が演じてくれる「貸しの式」や「太夫道中《どうちゅう》」をじっくり見るべきだ。

これは大変なことだ、と思うだろう。演じる女性の立場になってもそうだが、客としてここに乗りこめた——と仮定して——男性でも、これはとうていお相手できないということになる。

だが、彼女らの見せてくれる仕草《しぐさ》と服装のうしろに、京おんなのすべてがある。

身のこなし——優しい・お上品。

さらさらと手紙を認《したた》める、和歌も俳諧《はいかい》もできる——教養。

しかし、それをやたらに振りまわさない——つつましやか。

冷たい感じ——それがいいのさ——内に秘めた情熱。危険な多情。

要するに、男が勝手にこしらえあげる理想の、というよりは妄想の女性像を一手に引き受けるのが島原の遊女であり、吉野であった。

とくに吉野は、本阿弥光悦を中心とする当代トップクラスの学者・芸術家・富商グループに愛された。当然彼女は、京都に蓄積された文化のありったけを修得してこれに対応しなければならなかったのである。

もちろん吉野のような太夫（最高位の遊女）は、よい環境と本人の素質・努力を合わせ、これらがきびしい修練を経てできあがった結晶のような存在である。だれにでも真似のできるものではなかった。

だが、これは分解もできるし、薄めることもできる。吉野を粉々に砕いた分身のような女性がたくさんできて、ちょうど、地面に砂を積みあげてできるような円錐体《えんすいたい》が京都に造られたと思えばいい。

外側に行くほど素人くさくなり、底に近づくほど泥くさくなるけれど、中心には遊女という柱が通っていた。

そろそろ時代は、庶民のなかにまで一夫一婦制の儒学《じゆがく》倫理がしみ通ってくるようになった。京都人は、男も女も、一夫一婦制では固められない、異質な、ガンのような京おんなの群を意識するようになるが、それでもまだ女性だけは、怒ったり喜んだり、つまり興奮すると、自分は京おんなであるからということをいい、ひとっ跳びに吉野太夫まで戻るくせはぬけなかった。

●本阿弥光悦のとりなしで豪商と結婚

京おんなの頂点にあるはずの吉野が、一夫一婦制の倫理からして許されるのはなぜかといえば、それは吉野が、これまた京おんならしいつつましさを発揮して、灰屋紹益という富商の嫁に迎えられたからである。

灰屋紹益（本名佐野重孝《さのしげたか》）は、紺染《こんぞめ》に使う灰汁水《あくみず》の原料、つまり紺灰《こんばい》を独占的にあつかっていた豪商だが、先代のころからは家業をやめ、あり余る財産のうえに高踏《こうとう》的な暮らしをしていた。本阿弥の一族とも親類づきあいがあり、紹益自身も茶道・蹴鞠《けまり》・書画鑑定にすぐれ、その随筆『にぎはひ草』は近世文学のなかでも高い評価を与えられている。

この紹益が吉野を見初《みそ》め、同棲《どうせい》しようとした。いわゆる身請であり、彼が払ったのは千三百両だったという。

ところが、佐野家のほうでは承知しなかった。詳しくはわからないが、紹益は一時家を出て二人だけの生活を始めたらしい。

結局、本阿弥光悦が仲介《ちゆうかい》に立ち、紹益は吉野を連れて佐野家に戻ることになる。

吉野が人々を感服させたのはこのときだった。吉野をむかえる宴が開かれ、客が招かれ、佐野家の女中どもも着かざって並んだ。だが、吉野は現われない。呼びにやっても、「私など、ここで結構でございます」というばかり。

これだけなら、「なんだあいつ、いやにへりくだって」ということにしかならない。しびれを切らした女中の一人が台所に行ってみると、下女の身なりの吉野が一所懸命に汚れた器《うつわ》を洗っていたのである。そして彼女は「私のような女を嫁にしてくださるとの話、ほんとうにありがたくは存じますが、私としては下女のつもりでお仕えしようと思っております。ご一族の、ほんの端《はし》っこにでも置かせていただきとう存じます」と答えた。

いろいろ説はあるけれども、これで万事めでたしめでたしになったというところは共通している。

注意していただきたいのは、紹益に見初められてから、めでたく佐野家の嫁になるまで、彼女の意見のようなものは何ひとつ吐かれた形跡がないことだ。

遊郭という世界では、当代一流の名士と堂々と渡り合える彼女だが、そこを一歩でも出てこっちにくればただでは済《す》まないぞという、意地の悪い網が張られている。

この網をくぐりぬけなければならないが、それも、紹益が引っぱっていくからだ。身についた、日本第一の名妓の実力と個性を捨てなければ、この網はくぐれなかった。

この変身をみごとにやってのけられるのが、京おんなの真骨頂《しんこっちょう》であった。生まれつきの才や、見よう見まねだけでは身につけられない能力といってもいいだろう。

●平安朝《へいあんちょう》の教養を身につけた遊女が京おんな

では、京おんなとは、いったい何を指すのか。

これに答える前に、京おんなの現状について一言いっておいたほうがいいと思う。

京おんなは、いまでは一人もいない。消えたと言おうか絶えたと言おうか、とにかく一人もいないのである。

京おんなの〝京〟が、〝京都〟の省略形だと思っていると、わたしの言いたいことはうまくわかってもらえない。〝京〟は〝みやこ――京〟のことであることを、まず承知してほしいわけだ。

語呂は悪いが、〝京おんな〟を〝首都おんな〟と言いかえれば、まちがいはなくなるだろう。

だから、京おんなの第一の系譜は、職業によって朝廷につながっている女性だ。皇族・貴族といった高貴な身分の女性ではなく、平安朝の職業女性、たとえば女房《にょうぼう》と呼ばれた階層であり、紫式部とか和泉式部《いずみしきぶ》のような人々である。

彼女らの学識才知、いつも政治家と交際して難問を処理する能力、これが京おんなの第一条件である。ただし、権力や財力を持つ存在になることは決してない。

自分では権力も財力も持たない職業的存在であることが、京おんなの第二の系譜を生む。それが遊女だ。

男と女がいれば、遊女など、すぐ現われる、別に系譜などとおおげさにいうこともなかろう――いや、それはちがう。性についての偏見がほとんどない当時、遊女は一種のエリートであった。彼女たちが一般女性と自分たちを区別するのは、教養とかセンスとかであり、それがなければ、性の偏見にとらわれていない男性と交際する遊女という職業を成りたたせることは不可能だった。

要約すれば、平安朝の教養と文化とを身につけた遊女、これが京おんなである。

では、かりに紫式部が遊女になったら、当時の人々は彼女を京おんなと呼んだであろうか――？

呼んではいなかったはずである。

なぜなら、紫式部のころの京都は〝みやこ――京〟として健全であったからだ。ということは、ことさら〝京〟を強調する必要がなかったことになろう。

わたしは、〝京〟とか〝江戸〟とかがとくに強調されるようになるのは、京が京でなくなり、江戸が江戸でなくなってゆく時期、つまり没落の危機感を抑えられなくなってきたとき、突然起こった現象ではなかったろうかと考えている。

本阿弥光悦が鷹ケ峰《たかがみね》につくりあげた芸術と法華《ほっけ》の世界には、これで消えると思われた王朝文化の火を、必死になって燃えたたせようとする頑張りのようなものが感じられないだろうか。

吉野は、光悦が守ろうとした王朝の才女であり、また遊女であった。親友の灰屋紹益と吉野との恋を結んでやったという話も、ただの同情とか粋《いき》なふるまいと考えたのではいけないのであり、光悦は二人の恋に、平安の宮廷でやりとりされた才知あふれる男女のつきあいを見たかったのではないかと思う。

だが、吉野は光悦の夢に反逆した。商家の、つつましやかな妻女になってしまったのである。

これが京おんなだ。

八百屋お七や天満屋お初のように、自分の好きなやりかただけで生き、それが行き詰まれば破滅も厭《いと》わぬというようなタイプではない。

吉野は、自分の人生に円満な結末をつけてみせた。むずかしいことなのだが、それをみごとにやってのけたところが吉野の人気の源泉だろう。

常照寺の赤い山門は吉野が寄贈したものである。常照寺の開基《かいき》、日乾上人《にっけんしょうにん》が、高名な吉野の顔を一目だけでも見たいと、六条柳町でねばったことがあり、これがきっかけとなって吉野は日乾に帰依《きえ》したのだ。

吉野はまた、芸ごとの神さまにもなっている。彼女の墓に供えられる卒塔婆は有名な芸能人の寄進したものだ。

毎年四月の第二日曜日に、島原太夫が道中して墓参する花供養《はなくよう》の行事がある。京おんなを手っとりばやく偲ぶには、この日の常照寺を訪れるのがいちばんいいだろう。

14

井伊直弼《いいなおすけ》は愛人をスパイに仕立てた？

――安政大獄《あんせいのたいごく》に動いた村山多加《むらやまたか》の謎

＊この章の主な登場人物

村山《むらやま》多加《たか》
井伊《いい》直弼《なおすけ》
長野《ながの》主膳《しゅぜん》
島田《しまだ》左近《さこん》

●白蛇《はくだ》がとぐろを巻く金福寺《こんぷくじ》

この寺を「蛇寺《へびでら》」と呼んでもいいのではないかと思う。

そう呼ばれる十分な理由を持っているのだけれども、なにしろ蛇というのがちょっと薄気味悪く、それにまた、この寺にゆかりを持つ女性——彼女が蛇を持ちこんできた——が、どちらかといえば悪役のタイプなので、それやこれやで「蛇寺」と呼ぶにはためらいがあるわけだ。

叡山《えいざん》電鉄の八瀬《やせ》比叡山口《ひえいざんぐち》行き、または鞍馬行きに乗って一乗寺《いちじょうじ》駅で降り、山手に向かって少し行くと、宮本武蔵《みやもとむさし》と吉岡《よしおか》一門との決闘で有名な一乗寺下《さが》り松《まつ》に着く。

このまますすめば石川丈山《いしかわじょうざん》の詩仙堂《しせんどう》に出るが、右手に途《みち》をとりながらもう少し坂道を登ると、金福寺という禅宗の寺がある。「蛇寺」と呼んでもいいのではないかというのが、この金福寺である。

文久《ぶんきゅう》二年（一八六二年）から明治の九年（一八七六年）ぐらいまで、ここに一人の尼僧《にそう》が住んでいた。妙寿《みょうじゅ》というのが剃髪《ていはつ》後の名前だが、本名を村山多加《むらやまたか》と

金福寺弁天堂の鬼瓦（白蛇）

いう。一時は加曽恵《かずえ》といっていたこともあった。

金福寺は小さな寺である。俳人の芭蕉《ばしょう》が滞在していたこともあり、その庵《いおり》が裏山にある。芭蕉が訪れるまでは無名だった庵だが、これから芭蕉庵と呼ばれるようになり、その後しばらく荒れはてたままになっていたのを与謝蕪村《よさぶそん》が再興した。

裏山の芭蕉庵は静かなたたずまいだが、寺内にある蛇のイメージは、およそ芭蕉庵の静けさとは対照的な、どろどろした執念のようなものを持っている。

金福寺の門をくぐってすぐ左手、小さな弁天《べんてん》堂《どう》があり、これは村山多加が寄進したものだ。この弁天堂の屋根の鬼瓦《おにがわら》は、とぐろを巻く一匹の蛇。弁財天《べんざいてん》の使者が蛇であることもおぼえておこう。

堂のなかに置かれた小さな宝塔、このなかにも白蛇《はくだ》が納められている。

そしてもう一つ、これも堂内にある小机の裏には「明治二年己巳《つちのとみ》の年、己巳の月、己巳の日、当寺、妙寿」と墨書してある。巳《み》は蛇である。

なにからなにまで蛇に囲まれて、村山多加は晩年を過ごしたのである。彼女はこの蛇にどんな祈りを込めたのだろうか。

この寺に来るまで、多加は幕府の、というよりは井伊直弼《いいなおすけ》が京都に放ったスパイの一人であった。彼の愛人だったこともある。

●才色兼備の村山多加の数奇な前半生

村山多加がどのような生《お》い立ちの女性であったか、こまかいところになるといろいろの説があって、よくわからない。

近江彦根《おうみひこね》の多賀《たが》神社社僧（神社に所属して仏事を行なう僧）の娘で、多賀神社内般若院《まんこやいん》住職によって育てられ、はじめは直弼の先代、井伊直亮《なおあき》の側女《そばめ》として仕えた。

その後しばらくは京都に出、祇園町《ぎおんまち》で働いているうちに金閣寺《きんかくじ》の寺侍《てらざむらい》である多田《ただ》氏に嫁いだ。ここで産んだ男の子が、のちに彼女を助けて働き、土佐藩の者に捕まって殺される帯刀《たてわき》なのだが、実は帯刀は多田の先妻の子なのだという説もある。

それからまた彼女は彦根に戻り、当時はまだ部屋住みの身分であって、藩主になるチャンスがまわってくることなど予想もできなかった直弼の世話を受けるようになった。

美貌であったのだろう。彼女が三条河原《さんじようがわら》に縛りつけられ晒《さら》されている様子を描いた彩色のデッサンがあるが、すでに五十歳をこえているにもかかわらず、ふっくらとした面立《おもだ》ちで、見る者を魅了する。

一時京都の遊郭で働いているあいだに身につけた才気が体に溢《あふ》れ、意を得ないでいた直弼の寵愛《ちようあい》を一身に集めたと思える。

もう一つ、彼女は京都御所《ごしよ》の駿河局《するがのつぼね》という女官のもとに仕えたこともあり、宮廷の事情に明るかったということがある。

彦根における直亮と直弼との関係、そして京都における御所づとめと祇園のつとめ、この四つのことが時間的にどういう順序になるのか、直弼とのことが最後だということだけがわかり、あとは不明というしかない。

彼女をめぐる男として、もう一人、長野《ながの》主膳義言《しゅぜんよしとき》が登場する。長野は国学者であり、病身の妻を連れて近江路を講学して歩いていたとき、直弼に迎えられてその師となったのだ。多加も同じように主膳の門弟となっている。

村山多加の御所づとめの経験は、彼女がスパイとして尊皇攘夷《そんのうじょうい》派の動向を探るうえで貴重なものになるのだが、同じように長野主膳もまた二条《にじょう》家の御用商人であった門人の関係で、二条家に出入りすることができたのである。

村山多加と長野主膳――京都宮廷に関係を持つ二人が井伊直弼の身辺にあった。

これで直弼の身辺に変化が起きなければ、長野主膳はともかく、村山多加がその後京都に戻ることもなく、いずれは腕に覚えの芸事で身を立てながら、まず平凡な一生を過ごしたのかもしれない。

しかし、突然の変化が井伊直弼を彦根藩主とし、さらに幕府大老《たいろう》という要職に引っぱり出した。

多加は直弼のもとを離れるが、これが一時のものであったのはいうまでもない。一方の主膳は彦根藩に召しかかえられ、藩主直弼の側近という栄職にのぼった。

●多加は安政《あんせい》の大獄《たいごく》を陰であやつった

安政五年（一八五八年）の京都は、将軍継嗣《けいし》と条約勅許《ちょっきょ》の二大問題をめぐって幕府を非難する志士たちで煮えたぎっていた。

まことにうるさくてやかましいのだが、天子をかかえている京都としては仕方がないのである。京都というところの本心は、たとえば現在、京都は静かでいいところですね、などといわれても、それであまり喜ばないところにある。

少々はやかましくても、それが天子さまに関係のある政治むきのことであれば、京都人の血に流れている王朝時代の記憶が、あるいは室町《むろまち》に幕府があり、幕府の内紛から大戦争が起こって市中がまる焼けになった記憶が、とたんによみがえってくるのだ。

そのような京都へ、ちょっと他所《よそ》へ行っていましたといった顔の村山多加が戻ってきた。以前につとめていた御所に、さまざまな手づるを使って出入りし、もっぱら関白九条家《かんぱくくじょうけ》の島田左近《しまださこん》とのあいだの連絡にあたっていたようだ。島田の素性は不明だが、うまく九条家の諸太夫《しょだゆう》としてもぐりこみ、長野主膳とともに朝廷を佐幕派《さばくは》で占める工作にあたった人物。尊攘派志士の検挙に狂暴な腕をふるい、ついに天誅《てんちゅう》第一号として殺されるという〝不名誉な〟死にかたをする。

この島田のような危険人物と組んでスパイの仕事をするのだから、よほどの注意が要《い》る。

その最たるものが「長野主膳の妾《めかけ》」というフィクションだったろうと思う。もちろん証拠はないのであるが、尊攘派志士と井伊直弼・長野主膳との虚々実々のスパイ合戦で、どうやら勝ったのは井伊・長野組だと思えるところがあり、それに使われたのが「村山多加（かずえ）――長野主膳の妾」という設定ではなかったかと思うのだ。

だいたい、村山多加が長野主膳の妾だということを最初に公然といいだしたのは、井伊が亡くなった二年後長野も死んで、彼女を捕《とら》えて三条河原に晒しものにした土佐勤皇党の連中なのだ。

文久二年（一八六二年）七月、まず島田左近が天誅の第一号として血まつりにあげられ、ついで十一月、村山多加は洛西一貫町《らくせいいっかんまち》の隠れ家を発見された。

三条河原に晒された彼女の傍《かたわら》にあったのが、彼女の罪状なるものを書きつけた高札《こうさつ》であった。これにいう。


「村山かずえ。

この女、長野主膳の妾であり、戊午《ぼご》の年（安政五年）以来、主膳の奸計《かんけい》を相助け、稀《まれ》なる大胆不敵の所業をすすめ、赦《ゆる》すべからざる罪科《ざいか》を犯したのではあるが、女であることゆえ、死罪にはしないことにする」


村山かずえが何をしたのかというよりも、長野主膳の妾であって、主膳の行為を援助したのが許せない、というところに罪状の重点がおかれている。

長野主膳が尊攘派にとって最も憎むべき人物であることは明白であった。土佐勤皇党の連中が「戊午の年以来、主膳の奸計《かんけい》」といっているのがそれである。安政の大獄という残忍な反対派弾圧を、幕府のいちばん奥から指揮したのは大老井伊直弼にほかならないが、京都にのりこみ、志士の検挙・投獄を直接指揮したのが主膳なのである。

その主膳の妾というのがほんとうのことであるとすれば、気の毒ではあるが、三条河原での晒しで済むぐらいのことは軽い罰だったといわねばなるまい。

●幕府もだまされた二重の煙幕

だが、多加はほんとうに長野主膳の妾だったのだろうか。

ここがスパイの辛《つら》いところなのだ。彼女は主膳の妾ではない。強《し》いていうならば、桜田門外《さくらだもんがい》で殺された大老井伊直弼の、かつての愛人とでもいうところであろう。

しかし、安政五年にスパイとして京都に乗りこんだとき、それはなるべく隠しておかねばならないことだった。いくら隠しても隠せないことではあるが、それでもなお、できるだけの煙幕を張っておくほうがよかったのだ。

そこで、いちばん外側の顔は、御所につとめていたことがあって、また戻ってきた女、ということに、次の顔は長野主膳の妾というプライベートな関係、その次には井伊家から放たれたスパイで主膳のパートナー、という順序にしておいたのだと思う。

そして別のルートから密《ひそ》かに「あの女は村山かずえなどといっているが、実は本名は多加、長野主膳の妾なんだぞ」という逆情報を、ほかならぬ井伊家自身のほうから京都の要所要所に撒《ま》いておいたのだろうと思う。

村山多加の御所づとめの経験を十分に活用し、しかも彼女と直弼との関係を揉《も》み消すためには、この逆情報は井伊家内部と幕府官僚にも流される必要があった。

村山多加は主膳の妾である——この逆情報には、幕府から京都にやってきている御徒目付《おかちめつけ》でさえ引っかかったらしい。御徒目付の探索報告書に、次のような内容のものがある。幕府が大老井伊直弼のやりかたを探索しているわけだが、驚くことはない。

「以前御所づとめをしていた女。

彼女は縁あって先代の彦根侯（直亮）の妾となった。

しかし、その家来の長野主膳と密通していたのが露見し、女は京都に差し戻し、主膳は追放となった。

その後二人は夫婦となって九条関白家に仕えており、また主膳のほうは直弼殿が大老になられてから再び召しかかえられた。国学者である彼は、歌道にもすぐれ、これを通じて堂上方《どうじょうかた》との交際もひろい……」

敵を欺《あざむ》くにはまず味方から欺け、という原則ががっちり守られている。

この村山多加が、スパイとしてどのようなはたらきをしたか、よくわからない。足跡を残すようではスパイとして失格なのだが、一つだけわかるのは、六物《ろくぶつ》空満《くうまん》という祈禱師《きとうし》の身辺を洗って大獄の犠牲者の一人に仕立てたことだ。

六物という男は六角《ろっかく》通り油小路《あぶらのこうじ》に住み、町家の女性を集めては祈禱を行なっていたのである。彼は孝明《こうめい》天皇に痔《じ》の薬を献上しようと計画し、それを多加がキャッチした。

彼女の報告書には、六物が怪しいとは何も書いてない。だが、一度怪しいと睨《にら》まれれば薬を献上しようとしただけで十分な罪状になるのだ。吟味書では、自分のいうとおりに養生しなければ天皇の命が危ないという診断を書物にし、これを献上しようと企《たくら》んだ、ということになっていた。六物空満は遠島になった。

彼女が京都に来たのは、先代の彦根侯のお叱りを受けて――自分から出て来たのではなく――追い返されて来たものである、ということ。

もう一つは、主膳と多加の関係は彦根時代からつづいているのであり、先代彦根侯のお叱りを蒙《こうむ》ったそもそもの原因もここにある、ということ。

どちらかといえば、前者のフィクションは多加のスパイ活動をやりやすくするための京都むけのものであり、後者のほうは幕府を欺き、井伊家内部に箝口令《かんこうれい》を布《し》くためのものだったといえる。

土佐勤皇党の連中は、第一番目の煙幕は見破ったけれども、逆情報に引きずりこまれて、第二の煙幕をほんとうの村山多加の姿だと思いこんでしまった。

彼女が捕まったとき、すでに井伊直弼も長野主膳も死んでおり、もちろん井伊家との関係は切れていたのである。

だから彼女は、ほんとうのことをいってしまってもかまわなかったはずだ。

だが、彼女は一言もしゃべらなかったらしい。死んだ直弼に義理を立てたのかもしれず、あるいはまた、スパイという数年の生活に慣れきっていたのかもしれない。

しかし、金福寺の蛇を見ると、どうも後者の推測は的はずれのようだ。彼女が弁天堂を建てた明治二年（一八六九年）は、還暦《かんれき》の年である。つまり彼女は巳年《みどし》の生まれなのだ。

蛇――それは特に女性の場合、祝福であるよりは、呪《のろ》いと怨《うら》みのシンボルという意味が強い。女に化けた蛇が、男を誘惑するという説話は多く、それがはねかえって巳年生まれの女は男を駄目にするという迷信はいまでも強い。

還暦を迎える年になっても、住んでいる寺にあえて呪いのシンボルをかざり立てるのは、諦めていなかったからであろう。

男性か、巳年生まれの自分の宿命をか――彼女は何を呪ったのか？

15

志士はどこから活動資金を得たか

――極貧《ごくひん》の梅田雲浜《うめだうんぴん》が成金《なりきん》になった謎

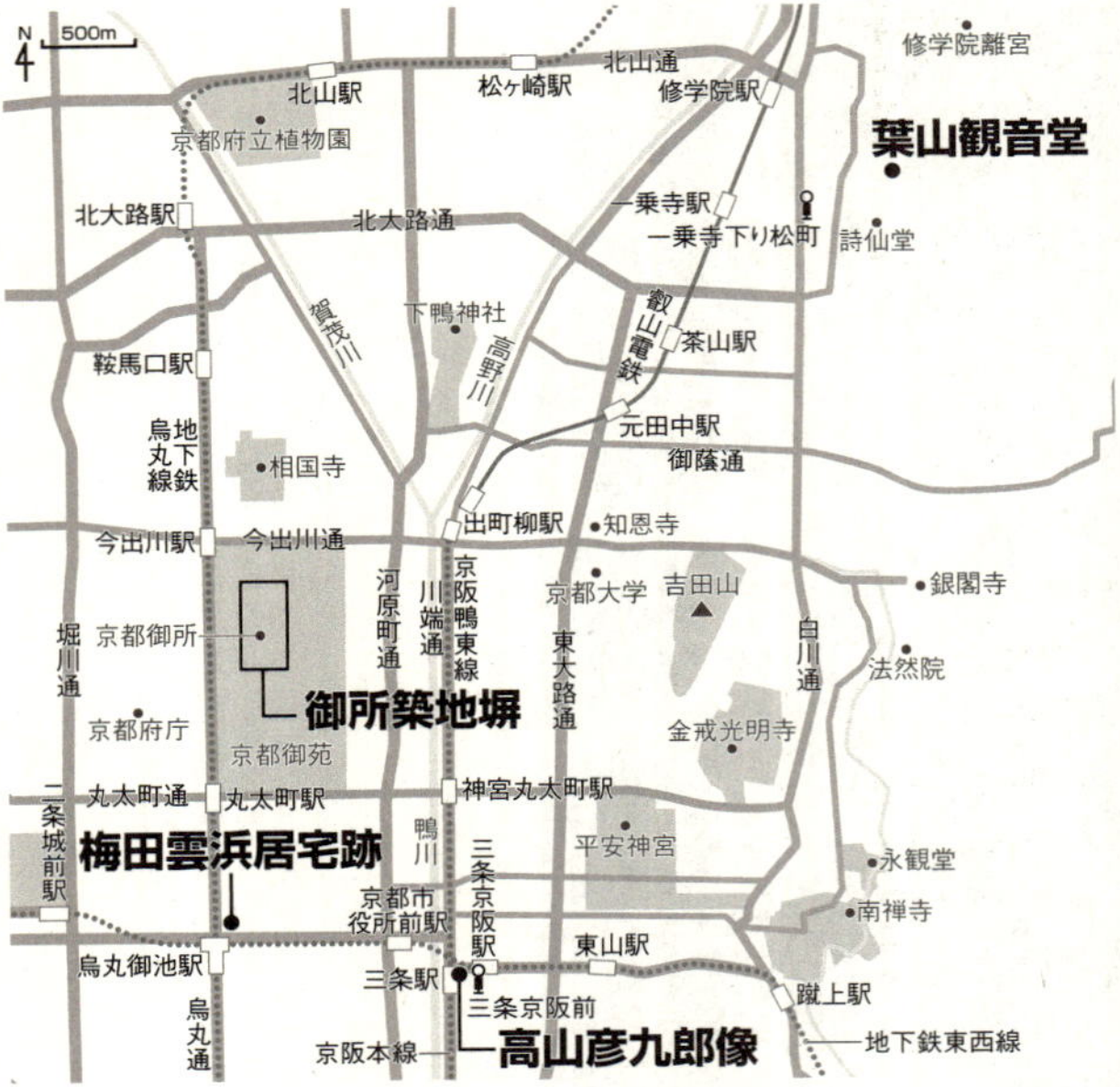

＊この章の主な登場人物

梅田雲浜《うめだうんぴん》
高山彦九郎《たかやまひこくろう》
吉田松陰《よしだしょういん》
高杉晋作《たかすぎしんさく》
白石正一郎《しらいししょういちろう》

●まず二条《にじょう》大橋のたもとに立とう

ものすごく貧乏な尊攘《そんじょう》派の志士が一人、京都にいた。

長州《ちょうしゅう》の木戸孝允《きどたかよし》（桂小五郎《かつらこごろう》）は鴨川《かもがわ》の橋下で乞食をしていたという話があるが、これは新選組《しんせんぐみ》を欺く変装であり、木戸自身は後述のように、なかなか上層の、したがってカネのある藩士であった。

その貧乏な志士は、ついに家賃さえ払えなくなり、一乗寺《いちじょうじ》の葉山観音堂《はやまかんのんどう》が無人だったのを見つけて、妻子を連れて無料で住みこんだほどだった。

その志士の名は、梅田雲浜《うめだうんぴん》。井伊直弼《いいなおすけ》が強行した安政《あんせい》の大獄《たいごく》では、幕府に反対する志士たちの首領《しゅりょう》としてまっさきに殺された人物である。

だが、首領ともなれば資金が必要だ。貧乏で有名だった雲浜は、その金をどうやって手に入れたのだろう。

雲浜にかぎらず、幕末の京都で暗躍した志士たちの行動資金は、いったいどこから出てきたか――？

これを考えるには、三条《さんじょう》大橋のたもとにある高山彦九郎《たかやまひこくろう》の像から始めるとよいだろう。

人と会う約束をして、さて落ち合う場所をどこにするかと決めるのはスリルがあることだ。

洒落《しゃれ》て、ホテルのロビーで、なんていうのもあるが、風情《ふぜい》はない。縁起《えんぎ》をかつがねばならんという気分のときもあるので、余計にむずかしいわけだ。

東京では、渋谷《しぶや》駅のハチ公前で、というのがあり、戦後になってからは数寄屋《すきや》橋《ばし》と有楽町《ゆうらくちょう》が加わった。

忠犬ハチ公はいくら待っても主人に会えなかったのだから、かえって縁起はよくないと思えるのだが、そこは心理が逆に作用するのかもしれない。

京都だと、名所がありすぎて〝約束の名所〟と決まったものはとくにないようだが、三条大橋の東詰のところではいつも待ち合わせしている人の姿を見る。「高山彦九郎の前で」と打ち合わせるわけだろう。ただし、冬は駄目、鴨川の運んでくる風がまともに吹きつけるから。

三条大橋たもとから御所を見る高山彦九郎像

●荒れた御所に涙した高山彦九郎

　高山彦九郎の像は、台石の上に坐《すわ》り、両手をついて西北の方角にある御所を見ている。彼がはじめて京都に足をふみ入れたとき、御所の築地塀《ついじべい》がすっかり倒れていて、内裏《だいり》の建物が見えたのである。天皇崇拝家の彼は、思わずそこに坐りこんでしまった。情けなくて、はらはらと落涙したともいわれている。

　彼の顔は、いくぶんうつむき加減になっている。流れた涙を払い、キッと決意を固めた瞬間を造型しているのだろう。こんな情けないありさまは、この自分が必ず回復する、という決意である。

物見遊山《ものみゆさん》の客なら精いっぱいの愛想で迎えるし、天下を取ってやろうと攻めこんでくる人間なら、それはそれで対処のしようを心得きった京都人だが、この高山彦九郎のように大げさで一徹な尊皇家は、どうも嫌味《いやみ》な外来者だった。

天子さまのお膝元に住めるありがたさを忘れ、御所のあのありさまを放っておくとは何事か！　と彼は叫ぶのである。

あのありさまがよろしくないと決めつけられても、ではどうなればいいのかというところが、まったく記憶にない。

当時の京都人の体験では、御所や公家《くげ》の生活が豪奢《ごうしゃ》であったことがないのである。お公家さんの家の前を通るときには声を出してはいけない、どうせ金は払ってもらえないのだからというのが行商人の心得第一になっていたというくらいなのだ。

現在のことはさておき、京都人はケチだという滝沢馬琴《たきざわばきん》の評は当たっていたと思う。産業といえば西陣《にしじん》の織物ぐらい、三井《みつい》・小野《おの》・島田《しまだ》といった豪商ができてくるけれども、いずれも金融業であり、人口だけは多い京都の消費生活をうるおすことは少なかった。

御所の築地塀

遊郭《ゆうかく》と観光——この二つは表裏一体、そして西陣織、これで京都は江戸時代をなんとかやってきていた。

だから、たとえ嫌味な外来者であっても、高山彦九郎にはいい顔をしてみせなければならない。なぜなら、彼が全国に触れて回った尊皇思想が名分《めいぶん》となって、やがて京都には全国から尊皇攘夷の志士、浪士が集まってくる。京都に政治の季節が戻ってきたのである。

それはもちろん、戦乱と殺人の血なまぐさい嵐を起こし、犠牲者も多かったのではあるが、京都のためによくないことだったと一概にいいきるわけにはいかない。

京都がこのときほど生き生きして見えたのは、関ヶ原《せきがはら》の合戦《かっせん》で東西の武将が都大路《みやこおおじ》を行き来したとき以来、はじめてのこと、二百数十年ぶりだったのだ。

●高杉晋作《たかすぎしんさく》の資金源は豪商白石正一郎《しらいししょういちろう》

さて、その志士と浪士たち、なかには貧乏な者もあったが、志士といえば祇園《ぎおん》・島原《しまばら》で遊興するというイメージが強く、それはまた事実でもあった。

彼らがそこで使った金は、いったいどうやって手に入れたものだろう。

京都をにぎわした志士・浪士をおおざっぱに二分すれば、藩に所属し、藩の方針を実行している者と、はじめから藩とは縁のない人間ということになる。

これはもちろん両極の基準にすぎないのであって、藩の方針に反対して脱藩したり、させられたりする場合も非常に多いし、反対に、藩の都合で名目上は脱藩扱いにするとか、もともとの浪人が名前だけはどこかの藩士にしてもらったり、勝手に自分は何々藩士だと名乗ったり、まことにさまざまだ。

時代小説を読むとき、こういう事情があることを知っていると、いわゆる目の肥えた読者だということになろう。

問題は資金だが、藩士である者が藩の方針として京都で活躍する場合、それはもちろん公金から出ている。

その典型は長州の木戸孝允だが、みずから攘夷派として京都に乗りこむことの多かった木戸は、藩の機密費を各所にばらまき、京都における攘夷運動の最高潮期を演出した。

木戸より年下だが、あの高杉晋作となると、資金の使いかたも公私混同などという批判を気にとめないのと同じで、公金のほかに自分で資金を集めてくる、いわば複合型といえた。

下関《しものせき》の豪商である白石正一郎とか、山口の吉富藤兵衛《よしとみとうべえ》など、高杉の要求があれば即座に多額の資金を供給できる人物がたくさんいたのである。

高杉が複合型であるとすれば、限度はあるにせよ、資金の基本は自分で調達する型が考えられ、宇都宮《うつのみや》の菊池教中《きくちきょうちゅう》と大橋訥庵《おおはしとつあん》の兄弟志士がそうだ。訥庵は、資金を得るために佐野屋《さのや》という呉服商の養子になったのである。

さまざまのルートから集まった資金は、朝廷に公家に、これもさまざまな思惑《おもわく》を込めて献納される。

いまも昔も変わらぬこと、そのような資金の何分の一かは暗闇に消えていったと思われるのだが、末端のところでは京都の景気に活を入れてくれたにちがいはない。

そういう資金は、物をつくるためにではなく、ただ人間の動きを変えるために使われたのだから、これといって目ぼしい遺跡を京都に残しはしなかった。

ただ一つの例外は、安政二年（一八五五年）に幕府が再建した御所である。京都朝廷がふたたび新しい政治の舞台に登ることがはっきりしてきたので、火災で焼けていた御所を急いで建てなおしたのだ。尊皇なら幕府も負けないぞという姿勢を示す意味があったわけではあるが、幕末期の京都に投入された資金のうち、これほどの無駄づかいはないという結果になってしまった。

●「妻は病床に臥《ふ》し、児《こ》は飢《うえ》に泣く……」

志士につきまとう「清貧」のイメージ、これを一人占めにしているのが梅田雲浜であろう。

まことに雲浜の貧乏ぶりはひどかった。自分の貧窮を詠《よ》んで人の胸を焼きつくすような詩才を持っていたせいもあるが、彼がいつまでも貧乏だったわけではない。多くの資金を操作《そうさ》する尊皇派の中心人物として、あの井伊直弼が断行した安政の大獄の犠牲者となるのだ。

梅田雲浜の、この変貌は、志士たちが京都で消費する巨額の資金の出所に大きな変化が起こったことを意味している。

彼の極貧《ごくひん》時代を偲《しの》ばせるものには、左京区一乗寺の葉山観音堂がある。詩仙堂《しせんどう》の少し北で、山道に登りはじめたところにある小さな堂がそれだ。

梅田雲浜は、元来は小浜《おばま》（今の福井県）藩士である。江戸遊学を終えたあと、

葉山観音堂

大津《おおつ》に住み、上原立斎《うえはらりつさい》の勧めで湖南《こなん》塾《じゅく》を主宰、京都に出たのが天保《てんぽう》十四年（一八四三年）だった。

尊皇攘夷論を唱えつつも、論よりは行動を重んじる彼は、有志の士と次々に交遊を深めていった。吉田松陰《よしだしょういん》・森田節斎《もりたせっさい》・頼三樹三郎《らいみきさぶろう》・梁川星巌《やながわせいがん》といった連中である。

藩士といっても、もとから貧乏な雲浜だった。この葉山観音堂に妻子を連れて住んだのも、実はここが荒れはてて無人であり、家賃の心配がなかったからだ。

そこへペリーがやってくる。こんな時勢になぜわが藩は決起しないのかと強硬意見を矢継ぎ早に建白《けんぱく》し、ついに藩から除名されて一介の素浪人となった。

強硬論者としての名声は鳴りひびいているが、貧乏の苦しさはひどくなるだけ、粥《かゆ》さえも食えない日がある。

ペリーのあと、こんどはロシアからプチャーチンが来航すると、いても立ってもいられず、十津川郷士《とつがわごうし》の門人を連れ、大阪湾めざして飛びだした。プチャーチンの軍艦を乗っ取ろうというのである。

そのときに残した詩が有名になった。

「妻は病床に臥《ふ》し、児《こ》は飢《うえ》に泣く。身を挺《てい》してただちに戎夷《じゅうい》に当たらんと欲す。今朝の死別と生別と、ただ皇天后土《こうてんこうど》の知るあり」

敵艦乗っ取りは失敗だった。これが安政元年（一八五四年）。

●京都を国内交易の中継点にした雲浜

ところが、三、四年後の雲浜は住居を一乗寺葉山から市内の烏丸御池《からすまおいけ》に移し、絶えまもなく訪れる客には酒食を出す、舞妓《まいこ》を呼んで大騒ぎをする、という生活のできる人物に一変しているのである。妻の信子は、その間に生命を終えていた。

雲浜がつかんだ金は、国内交易《こうえき》を斡旋《あっせん》して生まれたものである。

彼が塾を開いていたころの門人には、少なからぬ実業家があった。なにしろ鍵《かぎ》屋五兵衛《やごへえ》が大津時代の門人、ほかにも大和《やまと》五条の下辻又七《しもつじまたしち》（木綿問屋《もめんどんや》）・京都郊外川島《かわしま》の山口薫次郎《やまぐちくんじろう》・大和高田《たかだ》の村島長兵衛《むらしまちょうべえ》などがあり、新しい門人、というより兄弟分である三宅定太郎《みやけじょうたろう》は備中連島《びっちゅうつらじま》で六十町の田地を経営するかたわら金物商もやるという家の息子だった。

そのように豪華な門人を持った雲浜自身にもまた、かつての大津時代、実直な性格を買われて藩の御用商人を相手に交渉する役をつとめたという経験があった。

この条件があれば、西国《さいごく》と上方《かみがた》とのあいだに交易のルートを開発しようという計略の生まれるのは当然といえた。

長州に乗りこんでいった雲浜は、この時勢に頼みとなるのはただ長州一藩あるのみ、とおだてあげ、ただし、それにはまず国力の増強が先決ではありませんか、と話をもちかけ、ついに雲浜自身を中継とする京坂——長州間の物品交易ルート開拓に成功した。雲浜の策に連携した長州藩では、そのための販売所を大坂に設置し、蠟《ろう》・半紙・塩・干魚《ひざかな》・米などを京坂に輸出した。

京坂方面から長州への販品は、呉服・小間物《こまもの》・菜種《なたね》などである。

これは見事に軌道に乗り、発案者である雲浜のふところには少なからぬ資金が入ってくるようになった。

しかし、雲浜が貧乏生活から脱出できたということなど、もはや大した問題ではなくなっていくのだ。

いまや京都は、最も新しい交易ルートの中継地となったのである。新しいルートは新しい商品を開発する。その生産と販売にたずさわっている在地の有志者は、自分の製品の跡を追うようにして、京都の、雲浜のもとへ集まってきはじめた。

武士であるとはいえ、彼らの大部分は、藩士などという一人前の地位を持っているものではなかった。ようやくいまにして自由に動きまわれるようになり、行く先々で自分と同類の人間を見つけ出しては連帯してゆくのである。その連帯の核となるのは、天子さまであるより、むしろ京都そのものであったといえる。

吉田松陰が「草莽崛起《そうもうくっき》の人を望むほか、頼みなし」と獄中から叫んだ、その草莽崛起の人々とは、そのような人間のことだった。

だが、この連帯は安政の大獄のためにばらばらにちぎれてしまい、維新変革のことは、もう一度藩というものをあらためて見なおすところに戻り、そこから再出発した者がゴールに飛びこんだ。

京都が明治の首都になりそこなった秘密は、どうやらここにあるのではないかと思う。

三条大橋のたもとから、「おまえたちはなんたるざまだ！」と怒鳴りつけたとき、高山彦九郎には、いったい自分は誰を叱りつけているのか、よくわからなかったのである。

しばらくして、藩を追われてどん底の窮地に立った梅田雲浜が、一乗寺村の観音堂から応じてきたのである。

以後の約十年間、京都は、やや下品であるともいえるくらいに活気を溢《あふ》れさせた。

その後、今日まで、あのときのような興奮を味わっていない京都だ。

16

孝明《こうめい》天皇ははたして毒殺されたのか

――姉小路《あねがこうじ》卿暗殺の真犯人をめぐる謎

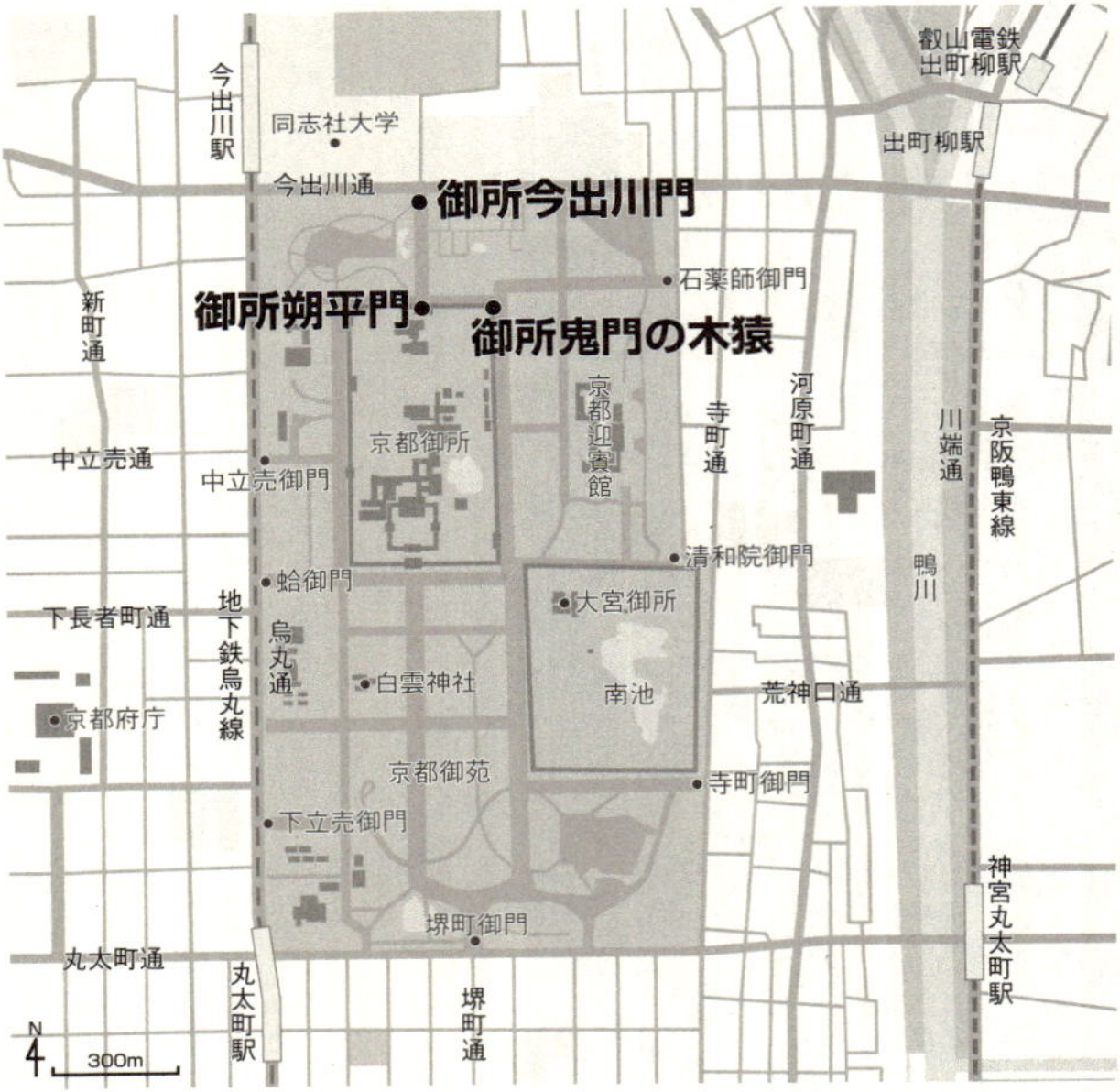

＊この章の主な登場人物

孝明《こうめい》天皇
姉小路《あねがこうじ》公知《きんとも》
岩倉《いわくら》具視《ともみ》
田中《たなか》新兵衛《しんべえ》
堀河《ほりかわ》紀子《もとこ》

●暗殺現場を見ていた御所鬼門《ごしょきもん》の猿

暗殺者は、いつも誰かに見られている。

文久三年《ぶんきゅう》（一八六三年）五月二十日夜、攘夷《じょうい》派の少壮公卿《くぎょう》姉小路公知《あねがこうじきんとも》を殺害した犯人も顔を見られているのだが、見たのがあいにく猿だったため、犯人はいまもってわからずじまいになっている。

京都御所《ごしょ》の今出川御門《いまでがわごもん》（同志社《どうししゃ》大学正門の向かい側）から入ってゆくと、すぐつき当たるのが朔平門《さくへいもん》である。築地《ついじ》に沿って左（東）へ進むと、築地が一ヵ所、切りこんである部分に気づく。木彫の猿が一匹、金網のなかに閉じこめられている。

ここは御所の東北、つまり鬼門といって縁起《えんぎ》のよくない方角なのだ。邪悪なるものがこの方角から出入りしてきて災禍《さいか》を起こすことになっているので、御幣《ごへい》をかついだ猿を魔除《まよ》けに置いた。日吉山王《ひえさんのう》神社の使いの猿である。

視線をのばせば、京都の鬼門の方角は比叡山《ひえいざん》にあたることがわかる。この比叡山延暦寺《えんりやくじ》は京都全体の守護の役目も兼ねているのだから、なにもわざわざ御所にまで鬼門を考えなくてもいいように思えるのだが、鬼は市内にいるという謎をかけているのかもしれない。

この猿ケ辻《さるがつじ》、維新までは公家《くげ》の邸が立ち並んでいたのだが、昼でもうす暗く、気持ちのよい場所ではなかったらしい。

文久三年の五月、長州藩《ちょうしゅうはん》は下関《しものせき》海峡を通過する外国軍艦に砲撃を浴びせ、攘夷の先頭に立った。京都では長州中心の攘夷派が幕府派をどんどん追いつめていた。五月から八月まで、京都はいわゆる天誅《てんちゅう》の季節の盛りをむかえるのである。

だが、殺された姉小路公知は、天誅を加えられるべき側ではなく、反対の攘夷派の公卿だった。同派の者から、あまりラジカルすぎると心配されるほどで、だが、それだけに尊皇《そんのう》攘夷派公卿のなかではいちばん頼りにされている人物だった。

その夜の御所では遅くまで会議があり、姉小路はいつものように強弁《きようべん》を振るったのだろう。四人の供を連れ、御所南西の公卿《くげ》門から退出した彼は、この門とほぼ対角線上の北東にある自邸に帰りかけていた。

朔平門を通りすぎ、自宅まで一〇〇メートルもないところにまで来たとき、あ

御所　築地塀鬼門の木猿

の、剽軽《ひょうきん》なかっこうの猿がいるところから三人の刺客がとびかかってきたのである。

太刀持ちの侍が逃げてしまった不運もあり、姉小路は斬り殺された。もう一人の供が犯人に傷を負わせたが、逃げられ、顔がわからない。いや、たとえ彼が顔を見ていたとしても、どこの誰か知らなければどうにもならない。

●人斬り新兵衛《しんべえ》を殺したのは誰か

一本の刀が現場に落ちていて、これは薩摩《さつま》藩の田中《たなか》新兵衛のものだとわかった。映画『人斬《ひとき》り』で三島由紀夫《みしまゆきお》のやった役だ。

いまの京都御所は松林と芝生の大公園になっているが、当時は公家の邸宅が軒を接して並んでいた。そのどこかへ消えてしまえばわからないし、京都そのものの治安が悪かった。証拠固めやら広域捜査やらは期待できない。つまり、田中新兵衛の太刀に物をいわせるより仕方がないのであった。

罪状を真っ向から否認した新兵衛だが、太刀を見せられると、やにわにこの刀を奪い取って切腹してしまった。

嫌疑のいちばん濃い人物が何もいわずに死んでしまったのだから、なにもかもわからなくなり、暗殺者が仕掛けた謎は見事に完成した。

犯人――というよりは、いわゆる背後関係――を推理する説はいくらでも出てくる。動機論でいくと、まずは幕府の仕業《しわざ》ということになるが、あまりにも公式的すぎる。あるいは公家内部の佐幕《さばく》派の仕業の線も考えられるが、いままでかつてなかった尊攘派公卿を暗殺するほど大胆な人物となれば、それはいきおい中《なか》川宮《がわのみや》（三ヵ月のちには朝彦親王《あさひこしんのう》）を指すことになる。

姉小路暗殺の結果から説を立てれば、少し図に乗りすぎていた感じのする公家たちが恐怖のどん底に叩きこまれたのと、容疑者を藩士のうちから出し、しかもこれに死なれた薩摩藩の人気がいっぺんに下落したことの二つから考えていくことになる。

公家についていうと、犯人の背後関係がわからないことが恐怖をいっそう切実なものにした。相手が推測できれば警戒のしようもあるが、どこから剣が出てくるのか見当もつかないわけで、これがいちばん恐ろしい。

孝明《こうめい》天皇にも疑いがないわけではない。この天皇は攘夷主義者だった。いや、外国人を忌《い》み嫌うことでは他の誰よりもまさっていたといえるだろう。それならば急進的な姉小路らとは同調できそうなものだが、事実はちがっていた。孝明天皇の攘夷主義は、外国人を、まるでコレラや怪獣かなにかのように思っているものであり、政治以前の考えだった。

姉小路のほうは、かなり具体的な方向を持った政治の動きのなかにいたのである。

幕府との関係、あるいは朝廷の体制と自分の位置、これを前にも後にも一歩も動かす意志のない天皇にとって、姉小路は危険な動きのシンボルのようなものだった。姉小路の動きを放置しておくと、天皇の何より恐れている「変化」という事態がやってくるかもしれない。

だから、天皇の意を汲《く》んで――あるいは受けて――中川宮あたりから指令が出ていたことは考えられる。

もう一つ、薩摩藩はたいへんな被害を受けた。前年（文久二年）の夏には、横浜の生麦村《なまむぎ》で島津久光《しまづひさみつ》の護衛兵が外国人を斬り、攘夷派から拍手喝采《かっさい》を浴びたのである。それが、同じ仲間の、しかも公卿を斬ったと疑われたのだからまずいことになった。薩摩藩は乾御門警衛《いぬいごもんけいえい》の役を解かれ、京都は長州の独占となる。

そこで、姉小路暗殺は薩摩をしてこの苦境に立たせようとねらったものだという説になるわけだが、では誰か、となるとむずかしい。幕府が直々《じきじき》に指令を出したのでなければ、当時の京都守護職を引き受けていた会津《あいづ》藩となるが、もちろん決め手はない。

ただ、この推理がなかなか捨てがたいのは、まず薩摩の評判を落として長州を孤立させ、次に失地回復をねらう薩摩を手なずけて長州を京都から追放するというのは、京都守護職として常道を踏んだやりかたであることだ。

長州が追放される八月十八日の会津・薩摩連合クーデターは、この姉小路暗殺に始まっていたともいえるのである。

いろいろ考えても、犯人はわからない。そこに田中新兵衛がいたかどうか、猿だけは知っているのだが。

●岩倉具視《いわくらともみ》は超一流の暗殺者だった？

姉小路暗殺指令の疑いが晴れない孝明天皇だが、この天皇は慶応《けいおう》二年（一八六六年）に崩御《ほうぎょ》した。ところが、この死もまた暗殺ではないかという説が強い。

暗殺、かならずしも完全犯罪ではない。ふつう完全犯罪といわれているのは、犯行の動機はもちろん、犯人がまったくわからないようにして行なわれた殺人である。殺害行為そのものさえ隠してしまえば超完全犯罪だが、そこまで完全でなくともよい。

姉小路公知暗殺は、犯人がわからない点で完全犯罪に近いけれども、殺害後に起こる効果の計算が先行し、誰を殺そうかという選択があって姉小路がえらばれた感じがする。犯人がわからなかったのは計算外のことだったとも思える。

殺人が行なわれると、ああ、犯人はあいつに決まっていると誰にもわかってしまうような場合がある。にもかかわらず、どうしても殺さなければならないときは、当然、犯人を絶対にわからせない手段がとられるのである。

孝明天皇の死によっていちばん激しい身辺の変化があったのは、岩倉村《いわくら》に幽閉されていた岩倉具視である。彼が謹慎していた建物はいまも残っているが、天皇が死ぬと、彼はたちまち明治《めいじ》天皇の筆頭側近として討幕《とうばく》派の首領に返り咲く。

孝明天皇の死に不審を抱く者は、すべてこの岩倉に目を向ける状況だった。

〝孝明天皇は毒殺されたのではないか〟という噂は、天皇の死が発表されたときからあった。事実とすれば、これほど見事で効果的な完全犯罪はない。

いまの京都御所を散策していても、およそそんな感じはしないが、闇から闇に

御所　朔平門

消し去られた生命の数々の歴史を知っている庭だ。

天皇になれるのはたった一人、しかも有資格者は多いという、まったく当たり前のことが、宮廷を大きな暗闇にしていたのである。天皇有資格者にはそれぞれ母なる女性があり、さらに彼女らを出している公家の生活がある。荘園《しようえん》という結構な財産を持っていた平安貴族ではない彼らは、天皇家とのつながりをいつも新しくしておかねばならない。つまり、天皇を出すことだ。

孝明天皇自身、そのはげしい競争をぐって天皇になった。生母がそれぞれにちがう兄弟が六人、すべて早く死んだ。天皇になれるかどうかはともかく、生きて成長するだけでも大変な難事だったということがわかる。

世界のことはほとんど何も知らずに三十年ほど生きた。いや、二つのことだけは強く認識していたのである。外国人は夷《えびす》であり、動物なみの人種であるから、まともにつきあえたしろものではないこと、幕府との関係はいつまでもうまくやっていかねばならないこと。

これをただ思いこんでいるだけならば問題はなかったが、政治的発言をしなければならなくなり、この二つのことのほかにいうことがなかったのが孝明天皇の不幸だった。

新しい世界観を身につける暇はなかった。あっても、それはとても不可能な周囲の状況だったのである。保守派の公卿は問題にならないし、といって天皇政権が実現しそうだという展望に夢中になっている若い連中は、内容はだいぶちがうにしても、やはり外国嫌い。天皇の外国嫌いを頼りにしているふしがあり、これもだめだった。

尊攘派が討幕の姿勢に踏み切っても、孝明天皇の姿勢はかわらなかった。外国人さえ近寄らせなければ幕府との関係はいままでどおりでよい、というわけである。

天皇のほうでは攘夷派の存在が疎《うと》ましく感じられるものとなり、一方攘夷派としても、この天皇から幕府を倒してよろしいという勅許《ちょっきょ》を引き出すのはむずかしいと判断せざるを得なくなってきた。それが慶応二年のはじめである。坂本《さかもと》龍馬《りょうま》の斡旋《あっせん》により、討幕のための薩長同盟《さっちょうどうめい》が成立していた。

この年の十二月、天皇は前からの風邪が悪化し、床につくようになった。病状は意外に重く、十四日に御典医《ごてんい》は「疱瘡《ほうそう》（天然痘《てんねんとう》）」の診断を下した。

吹出物ができはじめ、明らかに天然痘の病状だが、経過は順調。食欲もあり、二十一日には将軍徳川慶喜《とくがわよしのぶ》が見舞いにあがった。

しかし、二十四日ごろから容態が急変、二十五日には食物を受けつけず、ただ吐いて苦しむばかりになった。

この二十五日には、天皇の傍《かたわら》に看護人が一人もいなくなっている時間がある。

応急手当ても効《き》かず、体中の穴という穴から血を噴き出して絶命。

以後四日間、朝廷は天皇の死を発表しなかったが、宮廷の外には〝天皇毒殺さる〟という噂が流れていた。女官たちのなかには、毒殺の噂を聞いてはじめて天皇の死を知ったものもあった。

●現代の医学者も〝孝明天皇暗殺説〟

孝明天皇の毒殺の〝噂〟を書き残しているのは、イギリス大使の書記官アーネスト・サトウである。

「私は、プリンセス・ロイヤル号の甲板《かんぱん》で（引用者注　当時、兵庫に停泊中）日本の貿易商人数人に会ったが、（中略）彼らは、天皇の崩御《ほうぎょ》を知らせてくれ、それは、たった今公表されたばかりだと言った。噂によれば、天皇は天然痘にかかって死んだということだが、数年後に、その間の消息に通じている一日本人が私に確言したところによると、毒殺されたのだという。（中略）しかし、当時は、天皇についてそんな噂のあることを何も聞かなかった。天皇が、ようやく十五、六歳になったばかりの少年を後継者に残して、政治の舞台から姿を消したということが、こういう噂の発生にきわめて役立ったことは否定し得ないだろう」（『一外交官の見た明治維新（上）』坂田精一訳）

もう一つは『中山忠能日記《なかやまただやす》』に写されている、老女浜浦《はまうら》からの手紙で、「二十五日には天皇の側に近づくのを妨害されたものがある」という意味のことが書いてある。中山の日記にこの手紙のことが出てくる日付は、天皇の死後十日目の一月四日である。これは、朝廷のなかにも毒殺の〝噂〟が出ていたことを示す点、はなはだ興味ぶかい。

戦後になって、天皇の病状を検討して毒殺説を肯定する研究が、主として医学者の側から行なわれたことがある。もっとも、天然痘としては普通の症状だとする反対の診断も出たことも知っていなくてはならない。

要するに、孝明天皇暗殺の〝噂〟はいまのところ噂の域を出るものではない。

噂が一致してその名をささやくのは岩倉具視犯行説なのだが、岩倉とともに〝共犯者〟の不名誉な噂を立てられるのが、岩倉の異母妹であり、孝明天皇の愛妾の一人でもあった堀河紀子《ほりかわもとこ》である。

岩倉と堀河とは、かつて和宮降嫁《かずのみやこうか》を実現させ、公武合体《こうぶがったい》を策したために、尊攘派からは蛇蝎《だかつ》のように嫌われた。孝明天皇も、尊攘派に押されてこの二人を――ほかに男三人、女一人をあわせて四奸二嬪《しかんにひん》という――宮廷から追放し、洛北《らくほく》、岩倉村に隠居させた。隠居中の岩倉に対しては、天皇に毒を盛ろうとしたという意味の怪文書がばらまかれたこともあり、いわば彼は、天皇暗殺計画未遂という、〝噂の前科者〟なのであった。

孝明天皇死去前後のことを詳しく書いた堀河紀子の日記があり、これには天皇毒殺を明示することが書いてあるという説を立てる人もいた。

しかし、その日記は行方不明だということになっているのだし、彼女自身は依然として宮廷には近づけなかったのだから、彼女に疑いをかけるわけにもいかない。

岩倉具視が幽閉されていた家

●この暗殺が歴史の流れをかえた

孝明天皇の死――明治天皇即位後に起こった画期的な事件は、慶応三年（一八六七年）十月十四日に、ついに討幕密勅《みっちょく》が長州と薩摩に渡されたことである。以後の政局は、十二月の王政復古《おうせいふっこ》宣言を経て討幕戦争へと展開するが、この舞台の幕を上げたのは、孝明天皇の死をきっかけに、かつての公武合体論者から討幕運動の首領《しゅりょう》へとあざやかに転身した岩倉具視であった。

京都人は明治天皇を東京に奪われたのを怨みに思っているが、では、京都にいてくれたほうがよかったのかとなると、これはむずかしい。新政府の首脳は、明治天皇を名実ともに指導者となりうる人物にしようと必死の努力をし、天皇もこれに応《こた》えた。

それはもう、京都人に親しみぶかい〝天子さま〟ではなかったのである。

17

なぜ明治幼帝は倒幕を決意したか

――千年の王都、京都が捨てられた謎

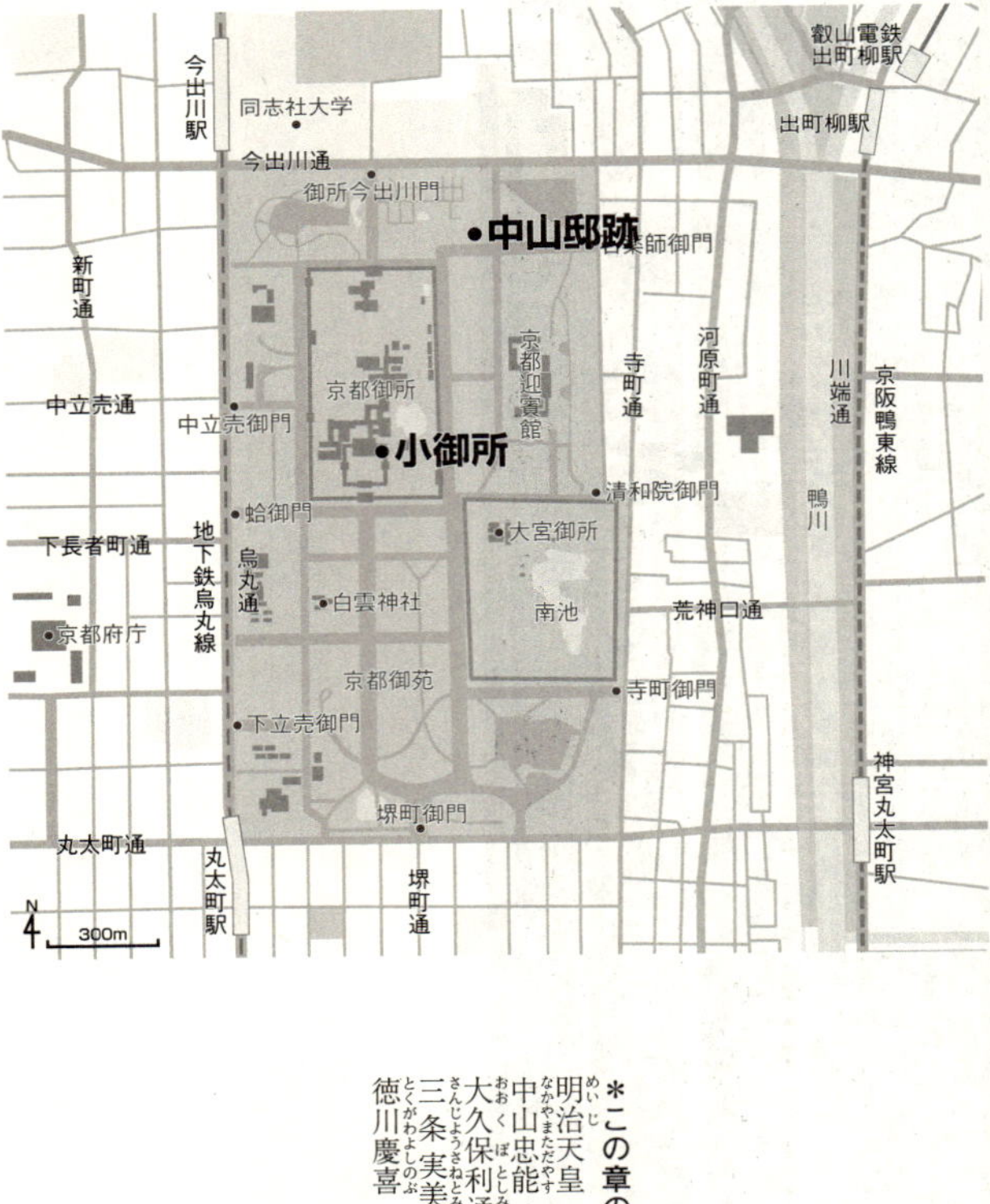

＊この章の主な登場人物

明治《めいじ》天皇
中山忠能《なかやまただやす》
大久保利通《おおくぼとしみち》
三条実美《さんじょうさねとみ》
徳川慶喜《とくがわよしのぶ》

●明治《めいじ》天皇の幼名〝祐宮《さちのみや》〟の歴史的背景

今出川御門《いまでがわごもん》から京都御所《ごしょ》に入ると、すぐ左手に築地塀《ついじべい》があり、これに沿って左に曲がったところの一画に古めかしい建物がある。門には鍵《かぎ》がかかっていて、この建物が無人であるばかりか、ほとんど人の出入りがないこともわかる。大納言中山忠能《だいなごんなかやまただやす》の屋敷跡である。

嘉永《かえい》五年（一八五二年）九月二十二日、この屋敷内に新しく建てられていた産所《さんじょ》で、一人の男子が生まれた。のちの明治天皇である。母は中山忠能の娘慶子《よしこ》であった。

明治天皇の幼名は祐宮《さちのみや》である。文章博士《もんじょうはかせ》の五条為定《ごじょうためさだ》が勘進《かんじん》した七字のなかから「祐」がえらばれたのであるが、それがまた光格《こうかく》天皇の幼名であったことも、なにか含みを持っているように思われる。

孝明《こうめい》天皇の先々代にあたる光格天皇は、寛政《かんせい》元年（一七八九年）、生父の典仁親王《すけひとしんのう》に太上《だじょう》天皇の尊号を贈ろうと発意、幕府の了承を得ようとした。譲位した天皇に対して贈られるのが太上天皇（略して太上皇《だじょうこう》または上皇《じょうこう》）の尊号であるが、天皇の位につかないでも、天皇の父に対して贈られる例はあった。

しかし幕府はこれに反対。朝廷側では、二年後に再びこの計画をたてたが、幕府は前にもまして強硬に反対し、朝廷が強行するなら関白《かんぱく》・議奏《ぎそう》（幕府の要求で設置された官職。天皇の側近）らを処罰すると警告した。

朝廷側もなかなか退《ひ》かなかったので、ついに、幕府は武家伝奏《ぶけでんそう》（幕府との連絡・交渉にあたる朝廷の官職）の正親町公明《おおぎまちきんあき》と議奏の中山愛親《なるちか》に閉門・逼塞《ひっそく》の処罰を下した。

光格天皇はとうとう尊号贈呈のことを断念せざるをえなかったのであるが、朝廷内のことでさえ自由に決定できない痛憤の記憶として、この尊号事件は京都に深い傷跡を残した。

中山愛親と正親町公明は江戸に召喚されたが、老中《ろうじゅう》の松平定信《まつだいらさだのぶ》の前で所説を主張してゆずらなかったと伝えられ、京都では中山愛親をモデルにした読本《よみほん》がいくつか書かれたほどである。

尊号事件は、京都の朝廷と市民のなかの反江戸・反徳川《とくがわ》意識を刺激したけれども、それは内に秘めねばならぬものであった。

中山忠能は、この中山愛親の曽孫《ひまご》である。その忠能の孫にあたる明治天皇が祐宮と命名されたことには、尊号事件の口惜しさを忘れてはいないぞ、という意識が明らかに顔をのぞかせている。

祐宮は、出町橋《でまちばし》の上流から汲《く》んできた鴨川の水で産湯《うぶゆ》を使い、成長した。鴨川の水が育てるのは京の美人にかぎらないのである。

慶応二年（一八六六年）十二月、討幕か公武合体《こうぶがったい》かという二者択一《たくいつ》の淵《ふち》に立つ政局がぎりぎりと煮つめられていったその頂点で孝明天皇の崩御《ほうぎょ》があり、祐宮は、岩倉具視《いわくらともみ》ら討幕派勢力のシンボルとして皇統《こうとう》を嗣《つ》いだ。

この天皇の名によって徳川幕府の倒壊が宣言されるとき、祐宮と名づけることに寄せられた反江戸・反徳川意識は表にあらわれ、一つの完結をむかえるはずであった。

幕府は倒れ、至上の権力は明治天皇の手に取り戻されたが、天皇はこれを持って東京に遷都《せんと》してしまったのである。

なぜ、京都は明治の首都にならなかったのだろうか。

●王政復古《おうせいふっこ》は小御所《こごしょ》会議で採択された

京都御所の拝観巡路は、宜秋門《ぎしゅうもん》から入って、清涼殿《せいりょうでん》・紫宸殿《ししんでん》・小御所・御学問所《おがくもんじょ》・御常御殿《おつねごてん》とまわって、清所門《せいしょもん》から出るようになっている。

いまの小御所は先年再建されたばかりの新しいものだが、慶応三年（一八六七年）十二月九日、この小御所において王政復古号令が採択された。いわゆる小御所会議である。

武力討幕を快く思っていない前土佐藩主の山内容堂《やまのうちようどう》が「幼冲《ようちゅう》の天子を擁《よう》して政権を私《わたくし》せんとするのは怪《け》しからん」と反抗したが、岩倉から「この挙はすべて聖上《せいじょう》の決断による」ときりかえされ、沈黙してしまう。

小御所会議は、明治天皇の権威がはじめて公式の場に押し出された日でもあった。

激変する政情のこまかいところまでは知られなかったにせよ、御所から流れ出てくる空気に新鮮なものを感じる京都市民だった。

この日から、翌年十月、江戸城が東京城と改称されて皇居となることが決まる

御所　今出川御門

日まで、わずか十ヵ月が、市民を有頂天《うちょうてん》にさせた短い時間だった。

なにしろ、「毎日、京の方を向いて拝むがよい」という命令が九州の端の長崎において布告され、それは全国に広がってゆくいきおいであったのだ。

幕府倒壊・天皇親政という新事態の意味を一般の国民に広く知らせるため、各地の裁判所（都道府県庁と警察本部を合わせたようなもの）からいろいろの「人民告諭《こくゆ》」「お諭書《さとし》」が布告された。

長崎裁判所の「お諭書」は慶応四年（明治元年・一八六八年）三月のもので、最も早い一例であり、平易な文章だった。

「この日本というお国には、天照皇太神宮様《てんしょうこうだいじんぐう》からお継《つ》ぎあそばされたところの天子さまというものがござって、これがむかしからちっとも変わったことのない、この日本の御主人さまじゃ」

天皇のことを「日本の御主人さまじゃ」といいきったのは、おそらくこの文書がはじめてだろう。つづいて、七、八百年前から天皇が実権を失っていた経過を記すが、そのなかでも、

御前会議のなされた小御所

「天子さまというものは、いろいろ御難渋《なんじゅう》あそばされながら、今日まで御血統が絶えず、どこまでも違いなき御事《おんこと》じゃ。なんと恐れ入ったことじゃないか」

長くなるけれども、戊辰《ぼしん》戦争の説明がひじょうにおもしろいので、つづけて紹介しよう。

「徳川慶喜が、〝御大政をこれまでおあずかり申しておりましたが、なかなか私ではできませぬ〟と言うて天子さまへお返し申したところが、〝それはもっともなことじゃ、そのはずのことじゃ〟とて、お受けとりあそばした。ところが、なにかそれは大山《おおやま》ごと（インチキ）で、それで人気を取っておいて、おのれがこの日本国王になろうという策略であった」

御主人さまに弓を引くのだから勝てるはずもなく、慶喜は大敗北。

「そこでいよいよ、大むかしの通り、天子さまが御政道をあそばさるることになった」

天皇の新しいやりかたは、まことにありがたいものであることだから、「ありがたきおぼしめしを一日も忘れてはすまぬゆえ、毎日、京の方を向いて拝むがよい」となるのである。

いちばん終わりの文句は、「なんと、わかったか」で結んである。

長崎裁判所の「お諭書」の六ヵ月のあと、京都裁判所から「京都府下人民告諭大意」が布告され、これがその後の手本となる。しかし漢文調でわかりにくく、「日本の御主人さま」「なんと恐れ入ったことじゃないか」「なんと、わかったか」の平明率直《そつちよく》さにはくらべものにならない。

京都市民としても「なんと、わかったか！」と大声で叫びだしたい気分であったのだ。

●いまも京都行幸《ぎようこう》を「お帰り」という心情

だが、それをいっぺんに打ち消す不安なニュースが流れはじめた。

明治天皇が東京に行ってしまう、というのである。

「どうだ、これでわかったか！」

「日本の御主人さまは京都にいるんだぞ」

と叫んだばかりだったのに――。

遷都の問題をはじめに持ちだしたのは、大久保利通《おおくぼとしみち》であった。彼の遷都建白書は慶応四年正月二十三日、すなわち戊辰戦争が起こって二十日も過ぎぬうちに提出されている。

この建白書を読むと、これまでの天皇はただ雲の上にいるように思われ、人間でないもののようであって、ただわずかの公卿《くぎよう》が接しているだけである。この弊習《へいしゆう》（悪いならわし）がつづいていたからこそ今日のような上下隔絶の状態になったのだ、というように話を進め、遷都の地は大坂が最も適当である、と結論している。

つまり大久保の意見は、弊習に満ちた京都を脱出することによって朝廷そのものを実際的な権力に仕立てあげなければいけない、というものであった。天皇を雲の上にあげておくのではなく、人民の前に押しだしていかなければだめだというのである。

大久保の大坂遷都論は新政府をゆさぶったが、その大坂を、江戸にかえたのは、北（会津《あいづ》方面）に去った旧幕府の勢力であった。

これを追って新政府の軍は進んだが、戦況は一進一退、ついに六月ごろから、岩倉、大久保たちは、天皇が直接江戸に赴いて官軍の後方にたち、旧幕府軍を威圧する必要を唱えるようになった。

その軍事的な要請が、江戸市民の心をつかむための居すわりのかたちをとり、ついに実質的な遷都となったわけである。

これは、京都人の急所を突くものであった。

「この日本というお国には……天子さまというものがござって」といわなければわからない長崎の人とちがって、京都人は天子と長く親しんできていると思いこんでいた。

ところが、では実際にどうだったのだ、ときかれれば、なんとも答えようがないのである。

天皇を雲の上にあげてしまっていたことを、大久保は「弊習」と非難しているが、その弊習こそ、京都人が天皇に親しんできた永年のやりかただったのだ。

東征軍が会津若松城《わかまつじょう》の攻撃にとりかかっているとき、明治天皇ははじめて東京城に入った。十月十三日である。

これは遷都ではない、東征軍の先頭に立たれるのであるといった説明がなされていたが、そこにはすでに東京遷都の伏線がある。

だから、在京二ヵ月あまりで天皇が京都に戻ることになると、新政府首脳のあいだには猛烈な反対意見が起こった。

ひよわな公家《くげ》を批判しつづけた急進公家の巨頭である三条実美《さんじょうさねとみ》もその一人であるが、彼は、「国家の興廃は関東人の向背《こうはい》にかかっている」といい、「天皇が京都に戻らないことによって京・大坂の人心が動揺しても、戻ることによって関東人の心を失うのにくらべれば、とても比較にならない」というのである。「京・大坂は失ってもいい。東京を失わなければ天下を失うことはない」とまで極言している。京都は、まったく問題になっていないのである。

この反対のなかを、天皇は京都に戻った。

だが、それも束《つか》の間、翌明治二年（一八六九年）三月に再び東京行幸があり、あとを追いかけて、十月には皇后までが東京に去ってしまった。太政官《だじょうかん》をはじめとする新政府の官省は、つぎつぎと東京に移され、京都が首都でなくなることは誰にも疑えない事実になった。

数千人の市民は、遷都の中止を北野天満宮《きたのてんまんぐう》に祈り、御所に集まって嘆願《たんがん》しようとした。四条《しじよう》大橋には、遷都反対のビラが張りだされた。

しかし、どうにもならなかったのである。

京都府庁では、はじめのうちは「東京遷都は決定したわけではない、必ずお帰りになるよう、おまえたちの嘆願は届けてやる」と苦しいきりぬけをやっていたが、いつまでごまかせるものでもなかった。

明治三年（一八七〇年）三月、市内六十四の小学校に住民代表を呼び集め、東京遷都のやむをえない事情と、天皇を失ったことに対する恩典とを説明して諦《あきら》めさせた。地子銭《じしせん》（地所税）の一時免除と十万円の「産業基立金《もとだてきん》」、これが天皇を失った代償である。

天皇の京都行幸があると、「お帰りにならはった」という京都人は、まだ多い。これがいつまで残るか、ちょっと見通しはつかないというところだ。

18

なぜ京都に日本初の市電が走ったか

――産業都市への転換……琵琶湖疏水《びわこそすい》の謎

＊この章の主な登場人物
槇村正直《まきむらまさなお》
北垣国道《きたがきくにみち》
田辺朔郎《たなべさくお》

●琵琶湖《びわこ》の水が京都人の頭上を流れている

琵琶湖の水は、疏水《そすい》となって、京都人の足もとを流れ、また頭の上をも流れている。

南禅寺《なんぜんじ》の広い境内《けいだい》、法堂《ほうどう》を通りすぎて右にまがると亀山《かめやま》天皇造営の南禅庵《なんぜんあん》に出る。そのとき、琵琶湖の水が頭上を流れているのである。

十三本の脚で支えられるこの大アーチを水路閣《すいろかく》と呼ぶ。水路閣ができてから百年とすこししかたっていないのに、煉瓦《れんが》の色が、少しの無理もなく周囲の静寂にとけこんでいるのは驚くばかりだ。

だが一方、琵琶湖の水を京都に引き、さらに市内に流すのがどんなに大工事だったかということを考えてみると、首都でなくなった京都の明治初期がいかに衰弱しきっていたかを思わずにはいられない。

琵琶湖疏水の計画は、衰退の一途《いっと》をたどる京都の放った起死回生《きしかいせい》の大手術だったのである。

京都の衰退を挽回する策なら、ほかにも考えられなかったはずはない。琵琶湖の水を引いてくるという破天荒《はてんこう》な発想には、どのような目算があったのだろうか。

破天荒といったが、発想そのものは古くからあった。清盛《きよもり》も秀吉《ひでよし》も同じようなことを考えていたといわれるし、寛政《かんせい》年間（一七八九―一八〇一年）あたりからは、かなり真剣に考えられ、文久《ぶんきゅう》二年（一八六二年）には実測図ができている。大堰川《おおいがわ》を改修し、高瀬川《たかせがわ》を掘った角倉了以《すみのくらりょうい》にしても、一度くらいは琵琶湖を思ったかもしれないのである。

だが、これらの前史に欠けていたのは、正確な土木科学もさることながら、京都という都市が亡びるかもしれないという危機感であったろう。

逆の面からいうと、天子さえいてくれれば京都はそれでいいのだ、とする安心感のようなものが、自分たちの手で京都を改造しようとする気をまったく起こさせなかった。

もちろん、そのちからもなかったのである。新しい琵琶湖疏水の『起工趣意書』では、元治《げんじ》元年（一八六四年）の戦火で市中の大半が焼かれ、元の通りにするのに精いっぱいである、という意味のことを書いている。

南禅寺

明治も十数年を過ぎようというのに、まだこんな状態の京都だった。そのうえ、京都から天子を奪っていった東京の繁栄を聞くにつけても、京都人の無力感はひどくなっていくばかりだった。

これがかえって幸いしたといえるかもしれない。天皇と公卿《くぎょう》、つまり心臓と動脈を抜かれた京都ではあったが、都市の規模としては大きい。明治政府の新進政治家にとって、これほど魅力的な舞台はなかった。分からず屋の公卿がいなくなっただけでも、ひじょうに都合がよかったといえるだろう。

●疏水工事は起死回生の大博打《おおばくち》だった

明治十一年（一八七八年）に京都府知事になった槇村正直《まきむらまさなお》が、まず思いきったことをやった。槇村と京都のつきあいは知事以前からのことで、日本最初の小学校（柳池校《りゅうちこう》）をはじめ、集書院《しゅうしょいん》・駆黴院《くばいいん》（娼妓《しょうぎ》の梅毒を検査治療する）・女紅場《にょこうば》（女学校）・物産取引会社・舎密局《せいみきょく》（英語のケミストリイ＝化学工業の開発に当たる）・織殿《おりどの》・染殿《そめどの》など、行政制度よりも諸設備に重点をおく施策をつぎつぎに実行したのである。

槇村のあとをうけて京都府知事になったのが但馬《たじま》（兵庫）の生野《いくの》で農兵を組織、維新の魁《さきがけ》をなした北垣国道《きたがきくにみち》である。

この北垣知事の前に「琵琶湖疏水工事の計画」なる論文が現われた。筆者は田《た》辺朔郎《なべさくお》といい、工部《こうぶ》大学校（東京帝大工学部）を卒業したばかりの新進技師であった。

北垣は、この論文の通りに琵琶湖の水を京都に引いてこようと決意したのである。

資金はなんとかなる。明治天皇が東京に行くのに反対した京都市民をなだめるために、産業基立金《もとだてきん》の名目で下賜《かし》された十万両の金が京都にあった。千年のあいだ親しんできた天皇を東京に持ってゆかれた代償としては安いものだったが、その金で買っておいた国債が値あがりしたこともあり、三十万両ほどになっていた。これを基金にすればよい。別に勧業基立金という名目の十五万両の政府貸付金もあった。

問題は、わずか二十一歳の田辺青年がつくった計画だということに対する不信と不安をどうするか、だった。内務省のお雇い外国人で技師のデ・レーケ（オランダ人）などは、とうてい不可能なプランだとして頭から反対した。

政府の有力者のなかでも反対は強いし、京都市民のなかにも、鴨川の清流を琵琶湖の溜《た》まり水で汚されてたまるか、といった頑迷論《がんめいろん》もあった。田辺が旗本《はたもと》の出身で、叔父にあたる田辺太一《たいち》（号は蓮舟《れんしゅう》）は幕府の外交畑で活躍した人物であることも、新政府のなかでなかなか賛意を得られなかった理由の一つになっていたかとも思う。

だが、北垣と田辺は屈しなかった。明治十八年（一八八五年）、着工にこぎつけたのである。

●船が山を登るインクラインは今も健在

要するに琵琶湖疏水のプランは、大津《おおつ》市の三保ヶ崎《みほがさき》に取り入れ口をつくり、逢坂山《おおさかやま》にトンネルを掘って引いた水を京都市内に流そうというものである。

ちょっと考えると、ただ水が欲しいという計画のようにも思える。

しかし、それはたいへんなまちがいなのであり、飲んだり洗ったりするためだったら井戸水や鴨川の水で十分だった。使いやすく改修することを計算してみても、これに要する資金と労力とは琵琶湖疏水の何十分の一でまかなえるはずだ。

水そのものより、水を流すことによって得られるエネルギーが欲しかったのである。水路によって琵琶湖とつながりたかった。

そしてその背後には、日本海があり北陸があり、広大な北海道があった。

琵琶湖疏水は、運河であることが本質であった。琵琶湖の水を京都に引いてくるのは、ただそのための準備にすぎないのであり、東京を経《へ》ずに北日本と京都を結びつけてしまおうという、奇想とも雄大ともいいようのないプランだった。東京が政治都市になろうというなら、こっちは産業都市でいこう、北日本の産物はこの疏水でぜんぶ京都に運んでやるぞ、という意気ごみなのだ。

いま、こうして書いているわたしの興奮がうまく伝わってくれるかどうか気になるが、たとえば、毎年夏の高校野球大会の優勝旗が箱根《はこね》の山を越えたとか越えないとか、いわば天然の山脈が日本の東西を分断しているのだけれども、疏水のプランは、その境界をずっと西に移して、琵琶湖によって東西を分けようとするものだった。

もちろん京都が西と北日本を代表し、東京には太平洋沿岸だけしか渡さないのである。

スエズ運河の領有をめぐる争いが大英帝国の没落を告げ、ひいては世界の政治地図の重点を東方に移すことになったのはいうまでもない。

規模はいささか小さいが、琵琶湖疏水は、北垣国道や田辺朔郎の意図がどこまで深かったかは別にして、京都を政治都市から産業都市に再生させる意味を持っていた。

琵琶湖を北に延ばして若狭湾《わかさわん》につなぎ、南に延ばして伊勢湾《いせわん》につなぐという計画があるという話を聞いたことがある。すると、アメリカと中国の貨物船が琵琶湖上を往来する姿も考えられるのであり、京都は、そのプラン発祥《はっしょう》の地として莫大な通船料を要求できることになる。

そういう現代的なプランが生まれるのも、すべてこの北垣・田辺の成功が先にあるからのことだ。

さて、『起工趣意書』によると、琵琶湖疏水の目的は上下水道・防火・衛生・運船・工業用水・灌漑《かんがい》となっている。

防火・衛生のうち「衛生」というのは珍しい表現だといえるが、当時の京都はひどく水はけが悪かったのである。もともと低湿地であった京都だが、そこへ人家が密集してくると、あちこちにドブ川ができ、流行病の伝染経路となってい

インクライン上部の台座

た。

これに勢いよく水を流してきれいにしようというわけだったが、衛生の目的はもちろん、古い町並みに清浄な流水が走るという光景は、なにか、想像するだけでもよい気分だ。

工業用水の目的はもちろん水力発電である。疏水がはじめて京都盆地の空気に触れるところ、すなわち蹴上《けあげ》であるが、ここにナイヤガラに次ぐ世界で二番目の水力発電所がつくられた。

明治二十四年（一八九一年）に六〇〇馬力もの発電が開始され、インクライン・京都時計製造会社・京都電燈株式会社が最初の需要先であった。明治二十八年（一八九五年）に日本で最初の電車が南禅寺――塩小路《しおこうじ》間を走ることになるが、もちろんこの電力は琵琶湖の水によって起こしたのである。

インクライン――これがなかなかの傑作だったと思う。疏水が京都側の蹴上に出るところは、市内の地面より約四〇メートルも高かった。発電機をまわすためには是非とも必要な落差であるが、船を通すには障害になってしまう。

そこで、四〇メートルの落差を保ち、一方では船を安全に通過させるという両方の目的を生かすために考えられたのがインクライン（傾斜式上下運搬軌道）だった。

琵琶湖からトンネルをくぐりぬけてくる船は、インクラインの上部で鉄製の台車に載《の》せられ、斜めのレールをゆっくり滑《すべ》って下りる。この間、約一〇〇メートル。下まで下りると、そこには発電機を回した水が先に待っており、船は台車を降りて運河を大阪にむかって進む、というわけである。

船を台車に載せたり、下に下りた台車を引き上げる動力には、すぐ隣りの発電所でできたばかりの電力を使えばいい。まことに一石二鳥のプランだった。

この蹴上には浄水場も造られ、琵琶湖の水を飲料として配給している。京都の女性が美しいのは鴨川の水で産湯《うぶゆ》を使うからだということになっていたが、水道が普及したいまではこの慣習は姿を消した。

すると、もはや京都に美人は生まれないという理屈になってくるが、いくら田辺朔郎の計画がすばらしくても、そこまでは気がつかなかったのである。

京都市は日本ではじめて水力発電所を持つ都市になったのであったが、蹴上のほか、夷川《えびすがわ》・伏見《ふしみ》の三ヵ所につくられた発電所は関西電力株式会社に譲渡され、いまでも蹴上と夷川では発電がつづけられている。これを知らない京都人は意外に多いのである。

そういえば、蹴上のインクラインがいまでも稼動可能な状態に保たれているのを知っている人はほとんどいないのではあるまいか。

東海道線が開通したこともあって、インクラインによる水上運送が行なわれた期間は短かった。

産業都市へ転換しようとする夢は破れたといわざるをえないのだが、インクラインの仕組みそのものは簡単なのであり、少し手を入れれば使える。

●水の流れに乗った〝新京都遊覧コース〟

そこで、わたしは空想するのである。たいした費用がかかるわけでもない、思いきってあのインクラインを復活させたらどうだろう。流れに、底の浅い和船《わせん》を浮かべるのだ。

ただし、載せるのは物でなく、人間である。疏水はいまでも法律上の運河なのだから、この点、心配はないはずだ。

疏水に船を浮かばせた京都遊覧！

ただし流れは速いから、逆進用のモーターが必要だ。

琵琶湖疏水の大アーチは水路閣

どんなにすばらしいコースになるか、まず歩いてみよう。逢坂山の長いトンネルはまっ暗だから、省略する。

山科《やましな》のあたり、春なら、両側に植えた桜が花のトンネルをつくる。日ノ岡《ひのおか》で短いトンネルをくぐり、ぽっかりと蹴上で開く。インクラインでは、台車に船を載せて、ゆっくりと下ればいい。蒸気機関車の撮影に熱中している人の何割かは、これを写そうと殺到してくるにちがいない。

疏水はここで二本に分かれる。左（西）に進むのが本流で、正式には鴨東《おうとう》運河と呼ばれる。

動物園・美術館・ロームシアター京都が並ぶ岡崎《おかざき》を抜け、夷川通りまで北上し、ここからは鴨川と並んで南下する。一〇〇メートルも進むと、高瀬《たかせ》川が始まり、西から高瀬・鴨川・疏水の順で三本の流れがそろう。

三条《さんじょう》大橋をくぐると、鴨川とのあいだの堤を京阪《けいはん》電車が走りはじめる。ここから先は夜のほうがいいだろう、京都随一の歓楽地を通るのだから。

伏見あたりに来ると、疏水の一部は灌漑用水に取り入れられるが、あとはそのまま南下して淀《よど》川に合流する。

いっそのこと、そのまま大阪市内まで船を進めてしまうのもおもしろいだろう。

　一方、蹴上で右（東）へ分流するのは白川《しらかわ》分線と呼ばれる。運河ではないので、船を浮かべるのは無理、流れに沿って歩くのがいい。

　最初に水路閣の上を走り、南禅寺の裏山をくぐりぬける。永観堂《えいかんどう》のところから銀閣寺《ぎんかくじ》まで、東山《ひがしやま》のふもとを北上する。途中しばらく、有名な「哲学《てつがく》の小径《こみち》」と併行するが、あの「哲学の小径」の静けさも疏水の流れがあってこそだ。

　銀閣寺の前で東に向き、少し進んでまた北上する。このあたりは北白川の地であり、高級な住宅地である。

　北白川の地を、少しずつ西にカーブしながら進み、一乗寺のあたりで叡山電鉄のレールをくぐる。

　くぐるといえば、この先に行って、高野川と鴨川の下をくぐりぬけるのだ。当時の土木技術としては相当に程度が高いといえるだろう。

　高野川の下をくぐるのが赤宮《あかみや》。これをぬけたところに松ケ崎《まつがさき》浄水場があり、余った水は洛北《らくほく》高校の北側まで北上してから、やや南に向きを変え、鴨川の下をくぐる。

　いま疏水の分線水路は、この鴨川のところで終わっている。だが、少し以前はもっと進んで堀川《ほりかわ》に達していたのである。

琵琶湖の水が堀川へ流れこむ!

堀川は、平安京《へいあんきよう》以前の鴨川の跡だ。その古い水路へ、琵琶湖の水が新しく流れはじめた。

それはまさしく、京都に新しい生命の血を流す大動脈であった。

以来百三十年、いまや硬化の現象が起こってきていないかどうか、その判断は京都人がじっくりと考えてみなければならない問題だろう。

なお、インクラインの近くに三十年まえ（平成元年）に完成した琵琶湖疏水記念館、これは是非とも見学していただきたい。小規模だが、展示内容はすばらしく、目で読むだけの説明では理解しにくいインクラインの構造が「動く模型」のボタンを押すだけで、あっというまに理解できます。

坂本龍馬に西洋事情を教授した土佐藩の絵師、河田小龍《かわだしようりゆう》の工事現場スケッチ作品も展示してあります。

あとがき

『京都の謎』は幸せな本だ。

多くの読者に迎えられたし、歴史を謎から考えていく方法のおもしろさを証明できたのも幸せだった。

ところで「歴史は謎に満ちている」といった言いかたにしばしば接するような気がする。人物・事件物件・歴史用語を片っ端から「――の謎」とやっていけば、それこそ際限なくテーマが浮かんでくるわけだ。

謎は〝謎解き〟を要求し、時間をかければ謎は解ける。いずれこの世には謎というものがひとつもなくなってしまう日がくる、ということになる。極端な話だが、理屈はそうなるのだ。

なぜ、こういう妙な具合になってしまうのかというと、〝謎は解かねばならぬもの、謎は解けるもの〟という思いこみがあるからだ。そういう思いこみからしばし遠去かってみようではないか、これが『京都の謎』の伏線になっている。

例をあげれば、「なぜ東寺が栄え、西寺は消えたか」の謎は、いわゆる謎解きの謎ではない。事実関係に複雑怪奇なものはほとんどなく、それ自体は要するにどうということはないものだ。

東と西に対《つい》の寺がなければならぬという絶対の理論のもとで建てられたのが東寺と西寺だ。東西で一対のものなのに西寺は焼け、久しいあいだ東寺だけでやってきた。西寺のない東寺とはおかしいではないか、それ自体が矛盾した存在ではないか——これがわたくしたちの仕掛けた謎なのである。

事実関係には謎めいたものはないのだから放っておけばよろしい。そこをあえて「おかしいぞ、それでいいのか——?」とやるのは余計なことじゃないかという批判が出てくるだろう。

過去に対して「おかしいではないか?」と謎をかけても仕方がない。しかし、わたくしたちが謎を仕掛けた相手は冷やして固まった過去ではなくて、現代人なのだ。

現代人は現代の常識のなかに生きている。そのことを尊重するのに吝《やぶさ》かではないのだが、常識に取り憑《つ》かれている面がないわけでもないとすれば、これにあえて「おかしいではないか」と謎を仕掛ける意味は少なくないと考えるわけだ。

京都に住んでいて、しかも京都のことについて言ったり書いたりするとき、いつも心に重いのは「日本人の心のふるさと――京都」なる文句である。重いばかりか、「そんな綺麗《きれい》ごとのレッテルなんか押しつけないでくれ」と叫びたくなることもある。

だが、これを逆手に取ればおもしろいではないか。「京都は日本人の心のふるさと」――なるほど、それは結構、しかしあなたの心のふるさとだという京都の歴史にはこんなややこしいことがあります、それでよろしいのですか、と挑発したつもりだ。挑発に対して、かなりの手応《てごた》えがあった。『京都の謎』が幸せな本だとは、そういう意味なのである。

本書をノン・ブックとして世に問うた十三年前を考えると、京都の変わりかたは目まぐるしいほどだ。琵琶湖《びわこ》の水から起こした電気で走った電車は姿を消し、跡かたもない。堀川《ほりかわ》の南半分は暗渠《あんきょ》になってしまった。木造の商家は小型ビルディングに建て替えられている。

目に見えるものはそれとして、京都人の意識にも大きな変化があったようだ。指導的な立場にある多くの人が東京や大阪に対する京都の遅れを取り戻さねばならぬというようになった。以前にもその気持ちはあったにちがいないが、公然というようになったのが新しい傾向だろう。

わたくし自身では「合言葉は〝第二の奈良になるな〟だ」というのを耳にし、跳《と》びあがるほど驚いた体験がある。奈良のようになりきれぬ、中途半端なところが京都の弱点だと思っていたからだ。

そして、この三年ほどは古都保存協力税の問題で揺れうごいた。他の都市なら宗教問題か、でなければ行政問題か、どちらかに分類されるはずだ。京都ではそうならない。双方の身長体重ともに似たり寄ったりだから、いったん絡《から》みあうと簡単には解きほぐせなくなるものらしい。

直接に関係ない京都市民は「どうなるのか?」「さあ、何とかなるとは思うが——」ぐらいしかいえぬから、これはこれで苛立《いらだ》たしいかぎりだ。とはいえ、その苛立たしさの底には「なんといっても京都らしいトラブルではあるな」といった奇妙な満足感があるのは否定できないだろう。

ここにもまた京都の謎の、かすかなる発生源がある。

一九八六年一月

高野《たかの》　澄《きよし》

二度目のあとがき

以前、私は「『京都の謎』は幸せな本だ。」と書いた。いま、改めてそう思う。本書『京都の謎』は幸せな本だ。こうして、再び読者諸兄の前に登場することができたのだから。

『京都の謎』は昭和四七（一九七二）年、祥伝社から新書サイズで刊行され、幸いにも十万人以上の人に読んでいただけるベストセラーとなった。その十四年後の昭和六十一（一九八六）年、文庫になった。幸せな本であると私があとがきに書いたのは、その時のことである。

そして、それから三十年以上を経て、奇《く》しくも平成が終わろうとしているこのタイミングで、新装版という形で再び文庫化されることになった。

編集部からの「もう一度、文庫にしましょう」という提案を受けて久しぶりに再読して、二つの点で驚いた。

まず、活字がびっくりするほど小さい。当時はこれが普通だったのだと思うが、一ページに十七行入っていて、その分、文字が小さい。今回、活字を大きくしているから、年配の人にはずいぶん読みやすくなったと思う。ということは、若い人にも読みやすいはずだ。また、当時は最新のものだった写真と地図も、今回、全面的に見直した。必要に応じて修正している。この地図ならば、それぞれの章で紹介している名所・旧跡に、最寄り駅から実際に行くことができると思う。

文庫を読んで驚いた、もう一点。それは四十年以上前に書いた原稿にもかかわらず、その内容に古さを感じなかったことだ。それは、京都を歴史という切り口で紹介する、しかも謎を解くという形で、というコンセプトだったからだと思う。「なぜ東寺は栄え、西寺は消えたか」「なぜ鞍馬山は天狗の巣になったか」といった疑問は、とても普遍的なものだと思う。だからはなはだ手前味噌ながら、いま読んでも、十分に面白い。

今回の新装版『京都の謎』を手がかりにして、頭の中での日本史の旅に、あるいは実際の京都の旅に、出かける人がたくさん出てくれたら、とても嬉しい。

二〇一九年二月

高野澄

一〇〇字書評

切り取り線

購買動機（新聞、雑誌名を記入するか、あるいは○をつけてください）	
□（　　　　　　　　　　　）の広告を見て	
□（　　　　　　　　　　　）の書評を見て	
□ 知人のすすめで	□ タイトルに惹かれて
□ カバーがよかったから	□ 内容が面白そうだから
□ 好きな作家だから	□ 好きな分野の本だから

●最近、最も感銘を受けた作品名をお書きください

●あなたのお好きな作家名をお書きください

●その他、ご要望がありましたらお書きください

住所	〒				
氏名		職業		年齢	
新刊情報等のパソコンメール配信を 希望する・しない	Eメール	※携帯には配信できません			

あなたにお願い

この本の感想を、編集部までお寄せいただけたらありがたく存じます。今後の企画の参考にさせていただきます。Eメールでも結構です。

いただいた「一〇〇字書評」は、新聞・雑誌等に紹介させていただくことがあります。その場合はお礼として特製図書カードを差し上げます。

前ページの原稿用紙に書評をお書きの上、切り取り、左記までお送り下さい。宛先の住所は不要です。

なお、ご記入いただいたお名前、ご住所等は、書評紹介の事前了解、謝礼のお届けのためだけに利用し、そのほかの目的のために利用することはありません。

〒一〇一-八七〇一
祥伝社黄金文庫編集長　萩原貞臣
☎〇三（三二六五）二〇八四
ohgon@shodensha.co.jp

祥伝社ホームページの「ブックレビュー」からも、書けるようになりました。
http://www.shodensha.co.jp/bookreview/

祥伝社黄金文庫

京《きょう》都《と》の謎《なぞ》

平成31年3月20日　初版第1刷発行

著　者　奈《な》良《ら》本《もと》辰《たつ》也《や》
高《たか》野《の》　澄《きよし》

発行者　辻　浩明

発行所　祥伝社《しょうでんしゃ》
〒101－8701
東京都千代田区神田神保町3－3
電話　03（3265）2084（編集部）
電話　03（3265）2081（販売部）
電話　03（3265）3622（業務部）
http://www.shodensha.co.jp/

印刷所　萩原印刷

製本所　ナショナル製本

ISBN978-4-396-31752-2 C0121